老子今注今译

（春秋）老子 ◎ 著

全本无删减

名师批注

无障碍阅读

有声伴读

原创手绘

北方妇女儿童出版社

图书在版编目（CIP）数据

老子今注今译 / (春秋) 老子著. -- 长春 : 北方妇女儿童出版社, 2021.1

（悦享丛书）

ISBN 978-7-5585-4963-2

Ⅰ. ①老… Ⅱ. ①老… Ⅲ. ①道家②《道德经》—注释③《道德经》—译文 Ⅳ. ①B223.1

中国版本图书馆CIP数据核字(2020)第261872号

老子今注今译
LAOZI JINZHUJINYI

出 版 人　师晓晖
责任编辑　张晓峰　吴　桐
装帧设计　旧雨出版
开　　本　787mm × 1092mm　1/16
印　　张　11.5
字　　数　290千字
版　　次　2021年1月第1版
印　　次　2023年1月第1次印刷
印　　刷　北京市兴怀印刷厂
出　　版　北方妇女儿童出版社
发　　行　北方妇女儿童出版社
地　　址　长春市福祉大路5788号
电　　话　总编办：0431-81629600

定　　价　34.80元

前言

Preface

德国诗人歌德说过："读一本好书，就等于和一位高尚的人对话。"阅读中外文学名著，简直就是在和一位文学大师对话。他们创作的名著，纵贯古今，横跨中外，大浪淘沙，沙里淘金，成为全人类共同的宝贵财富。

名著是历史的回音壁，是自然的旅行册。它可以拉近古今的距离：我们阅读名著可以探访在时间长河中和我们擦肩而过的人，看看他们怎样面对生活。它可以缩短地域间的距离：我们阅读名著便可足不出户而卧游千山万水，欣赏各地的风土人情。

名著是全人类智慧的结晶，那里面充满了智者的箴言。谁读了《论语》《老子》，不觉得是大师们站在人类思想的巅峰上，为我们播撒智慧的种子？我们阅读他们的书，就是站在巨人的肩膀上俯瞰世界。

名著是人类感情的储藏室，是传承文明的火炬手。它们展示着人类审视、确认、表现自身情感的过程，表现出一种摆脱生活的琐杂而趋向美与高尚的境界，其深厚的底蕴总是能够在我们的生活中唤起这种寓于诗意的情怀，因而具有永恒的魅力。

名著是真、善、美的化身，是人类生活中难得的一片净土。大师们在炼狱中心灵首先得到了净化，他们的作品无处不放射着高尚的光辉。在紧张而浮躁的社会中，我们的心灵有时会由于四处奔波而疲惫，由于过于好斗而阴暗，这时阅读名著绝对能使我们变得宁静而高尚，在阅读的过程中抚慰心灵的创痕，涤荡心灵的浮尘。

本套丛书有《红楼梦》《水浒传》等中国传统名著，还有《钢铁是怎样炼成的》《格林童话》等国外经典名著。可以引领学生领略中外人文差异，徜徉思想之海，探索文字奥秘。编者在编本套丛书时，本着学生的认知层面和生活经验，对原著进行了全方位的解读。每一章节前加上了“精彩导读”，帮助他们获取本章的大致内容，增强总结能力；同时，在每一章的大量文段中选取了优美的词句，有精彩解读，帮助他们理解作者的情感变化、写作手法等，提升他们的写作技巧；在章节后有“精彩点拨”，总结中心思想，剖析艺术手法，加深阅读印象；还有“阅读积累”，拓展了他们的知识层面。

相信广大学子们读完这套为他们精心打造的丛书后一定能开阔眼界，增加智慧，健全人格，铸就人生的新境界！

编　者

学问速递

作者素描

老子（本名李耳），世界百位历史名人之一，中国古代思想家、哲学家、文学家和史学家，道家学派创始人，被人们尊为道教始祖、“太上老君”。老子思想核心是朴素的辩证法，主张无为而治、不言之教、物极必反之理。老子是道家性命双修的始祖，讲究虚心实腹、不与人争的修持。著有《老子》（又称《道德经》），该书是全球文字出版发行量最大的著作之一。北京大学哲学系教授郭兰芳在《论老子哲学思想》中写到：老子姓李名聃，楚国苦县厉乡曲仁里人，生于春秋末期，曾任周王朝的柱下吏，掌管王室的图书。当老子看到周王朝越来越衰败时，就想离开故土，准备出函谷而四处云游。把守函谷关的长官尹喜很敬佩老子，就想设法留住他。于是，尹喜就对老子说：“先生想出关也可以，但是得留下一部著作。”老子听后，就在函谷关住了几天。几天后，他交给尹喜一篇五千字左右的著作，然后就骑着青牛走了。据说，这篇著作就是后来传世的《老子》。老子长寿，大约卒于公元前471年，享年101岁。唐高宗乾封元年（666），封老子为太上玄元皇帝。宋真宗大中祥符六年（1013），加号太上老君混元上德皇帝。

内容精讲

老子在出函谷关前著有五千言的《老子》一书，又名《道德经》或《道德真经》。《老子》《易经》和《论语》被认为是对中国人影响最深远的三部思想巨著。《老子》分为上、下两册，共81章，前37章为《上篇・道经》，第38章以下属于《下篇・德经》，全书的思想结构是："道"是"德"的"体"，"德"是道的"用"。《老子》以"道"解释宇宙万物的演变，以为"道生一，一生二，二生三，三生万物"，由于"道"乃"夫莫之命（命令）而常自然"，因而"人法地，地法天，天法道，道法自然"。除了朴素的唯物主义观点，《老子》一书中还包括大量朴素辩证法观点，如以为一切事物均具有正、反两面，"反者道之动"，并能由对立而转化。此外，书中也有大量的民本思想："天之道，损有余而补不足，人之道，则不然，损不足以奉有余"；"民之饥，以其上食税之多"；"民之轻死，以其上求生之厚"；"民不畏死，奈何以死惧之"。其学说对中国哲学发展具有深远影响。《老子》提出以"道"为核心的哲学思想体系。它以"道"为宇宙的根本，阐述了"道"的本质、特点及其运动变化的规律。认为万物都生于"道"；"道"是没有形象，不可被感官感知的；是不断运行变动的，有着自己的规律，道虽产生万物，却不占有和主宰万物，是自然无为的。20世纪80年代，据联合国教科文组织统计，在世界文化名著中，译成外国文字出版发行量最大的是《圣经》，其次就是《老子》。

经典书评

唐玄宗："《道德经》其要在乎理身、理国。理国则绝矜尚华薄，以无为不言为教。理身则少私寡欲，以虚心实腹为务。"

明太祖朱元璋："朕虽菲材，惟知斯经乃万物之至根，王者之上师，臣民之极宝。"

毛泽东："《道德经》是一部兵书。"

司马迁在《史记》说："道家无为，又曰无不为，其实易行，其辞难知。其术以虚无为本，以因循为用。无成埶，无常形，故能究万物之情。不为物先，不为物后，故能为万物主。有法无法，因时为业，有度无度，因物与合，故曰：圣人不朽，时变是守。虚者道之常也，因者君之纲也，群臣并至，使各自明也。"

欧阳修："老子为书，其言虽若虚无，而于治人之术至矣。"（彭耜《道德真经集注杂说》卷上）

清末思想家魏源："老子之书，上之可以明道，中之可以治身，推之可以治人"；"《老子》救世之书也。故二章统言宗旨。此遂以太古之治，矫末世之弊"。

鲁迅："不读《老子》一书，就不知中国文化，不懂人生真谛。"

俄国大文豪托尔斯泰："做人应该像老子所说的如水一般。没有障碍，它向前流去；遇到堤坝，停下来；堤坝出了缺口，再向前流去。容器是方的，它成方形；容器是圆的，它成圆形。因此它比一切都重要，比一切都强。"

尼采："老子思想的集大成——《道德经》像一个永不枯竭的井泉，满载宝藏，放下汲桶，唾手可得。”

黑格尔：“中国人承认的基本原则是理——叫作‘道’”；“道为天地之本、万物之源。中国人把认识道的各种形式看作最高的学术……老子的著作，尤其是他的《道德经》，最受世人崇仰”。

威尔·杜兰：“或许除了《道德经》之外，我们将要焚毁所有的书籍，而在《道德经》中寻得智慧的摘要。”

施罗德：“每个德国家庭买一本中国的《道德经》，以帮助解决人们思想上的困惑。《道德经》，文本以哲学意义之‘道德’为纲宗，论述修身、治国、用兵、养生之道，而多以政治为旨归，乃所谓‘内圣外王’之学，文意深奥，包涵广博，被誉为‘万经之王’。”

成语荟萃

《老子》只有短短五千言，却涵天盖地、尽说人道，可谓字字珠玑、句句精辟，随便拿出一句都可以作为至理格言和人们的座右铭。而更为精华的则是其中那些老子独创的成语，可谓老子智慧的概要和精髓，我们精挑细选出其中最具人生智慧的成语，供学生认真品读领悟：字字都是真智慧，个个都是大境界。

1. 自知之明

【成语出处】《老子》第三十三章：知人者智，自知者明。

【成语含义】对自己的优点和缺点有透彻的了解。指了解自己的情况，对自己有正确的估计。多用于指人知道自己的不足之处。

【智慧精髓】自知，就是要知道自己、了解自己。《战国策·齐策》中的邹忌就很有自知之明，没有被旁人的吹捧搞昏头脑，他说：“妾之美我者，畏我也；客之美我者，欲有求于我也。”自知之明来源于自我修养和自我慎独。一个严于自省和自律的人往往是有自知之明的。但人要做到这一点，往往是比较难的，要求别人易，而要求自己难。只有真正了解自己的长处和短处，避己所短，扬己所长，才能对自己的人生坐标进行准确定位。当一个人认识到自己的不足之时，也正是进步的开始。

2. 慎终如始

【成语出处】《老子》第六十四章：慎终如始，则无败事。

【成语含义】谨慎地做到最终，就像开始时一样，这样就不会有失败和差错。指始终要谨慎从事。

【智慧精髓】在日常生活中，普通人为人处世之所以不能善始善终，原因一般可以归结于两个方面：首先，虎头蛇尾，开端和过程都很重视、谨慎，而到结尾处却放松了警惕和要求；其次，急于求成，开头和过程都很认真，眼看将要大功告成，这时杂念、欲望、贪念却起来了，患得患失，最终前功尽弃。慎终如始带给我们的启示是既要严于律己，老老实实地将自己该做的事情坚持到最后，又要“淡泊以明志，宁静以致远”，始终保持平和、“虚静”的心态。这就是人们常说的成功三要素：勤奋、坚持加心态。

3. 和光同尘

【成语出处】《老子》第五十六章：挫其锐，解其纷，和其光，同其尘。

【成语含义】指不露锋芒、与世无争的平和处世方法。

【智慧精髓】和光同尘，就是要含敛光耀，混同尘世，不要标新立异，过分张扬自己的特殊之处，要融入社会，融入周围的环境。要不在前，也不在后，这样就能远离纷争和耻辱。“和光同尘”既是对外的处世，也是对内的修身。但凡有道之君子，或德行高洁之士，必有一股清高之气，不愿与人和同，于是流于狂狷。狂者过之，狷者有所不及。

道家圣人处世，要的是虽然怀和氏之璧，但是外面看过去却十分朴实，穿着普通的衣服以及“光而不耀”，虽然有光芒，但是却不会那么耀眼，不会过于招摇。这既是处世远祸的智慧，其实又何尝不是修行的一种境界呢？

4. 知雄守雌

【成语出处】《老子》第二十八章：知其雄，守其雌，为天下溪。

【成语含义】知刚守柔，比喻胸有主见而与人无争。

【智慧精髓】知雄守雌是最为恰当、稳妥地对全面情况进行把握。老子不仅提倡“守雌”，关键更在于“知雄”。“知雄”不是仗势欺人或得理不让人，而是知己知彼，对症下药；“守雌”不是被动地任人欺凌，而是处后、守柔、含藏、内敛。假装不知，实际上清楚；假装不行动，实际上是因还不能行动，或需要待机而动。这才是真正的知雄守雌。

5. 多藏厚亡

【成语出处】《老子》第四十四章：甚爱必大费，多藏必厚亡。

【成语含义】指积聚很多财物而不能周济别人，引起众人的怨恨，最后会损失更大。

【智慧精髓】在老子看来，寻求声誉、财物与顾全性命是相对不相容的。过于爱名利，必定要付出很大的消耗，越大的积藏必定遭受越大的损失。

多藏就是指对物质生活的过度追求。一个片面追求物质好处的人一定会采用各种手段来满足自己的欲望，因不义而落入不利的因果，必将招致反噬。

多藏必厚亡并不仅指物质方面的损失，也指人的精力、人格、品德方面的损失。贪求私欲者往往被财欲、物欲、色欲、权欲等迷住心窍，攫求无已，终至纵欲成灾。

目录

Contents

下篇·德经

上篇 · 道经

DAOJING

第一章（论道）

精彩导读

作为《老子》的开篇，我们只有正确理解了本章的玄妙，才能认识和把握老子的思想体系。在这一篇里老子破天荒提出了“道”这个概念，作为其哲学思想的核心。“道”的含义博大精深，人们可从历史的角度来认识，也可以从文学的方面去理解，还可以从美学原理去探求，更可以从哲学体系的辩证法去思维。俗话说：“一千个读者就有一千个哈姆雷特，”下面就让我们来咬文嚼字，咀嚼《老子》中“道”的滋味……

原文

道可道，非常道①；名可名，非常名②。无名，天地之始③；有名，万物之母。故常无，欲以观其妙④；常有，欲以观其徼⑤。此两者⑥同出⑦而异名，同谓之玄⑧，玄之又玄，众妙之门。

注释

①道：第一和第三个“道”字意义相近，是老子学说中的专门术语；第二个“道”是动词，在这里的意思是用言语来说明。

②名：第一和第三个“名”字是老子哲学的重要范畴。春秋时代，人们所说的“名”即客观事物真实和本质的反映。第二个“名”字用作动词，指用言词正确地表达概念。

③天地之始：用“无”表述，即为混沌未开的状况。

④妙：深邃奥妙。

⑤徼：原意为边界，这里引申为开端、端倪。

⑥此两者：指“无”与“有”。

⑦同出：指“无”与“有”同出于“道”。

⑧玄：深奥而不可理解的、不可测知的。

译文

可以说出来的道就不是永恒不变的"道"；可以叫得出来的名就不是永恒不变的"名"。"无"是天地形成的本始；"有"是创生万物的根源。应该从经常不见其形之处体察"道"的奥妙，应该从经常显露其形之处体察万物的归宿。"有名"和"无名"这两者来源相同而名称各异，它们都可以说是幽微深远。再往上推，幽微深远到极点，就正是所有的道理及一切变化的根本了。

精彩点拨

这是《老子》的第一章。本章开篇名义："道可道，非常道。"初步揭示了"道"的真正内涵。"道"是中国古代哲学的重要范畴。老子是第一个把"道"作为一种哲学范畴提出和加以阐释、论证的思想家。"道"作为老子哲学的核心，贯穿其思想体系的始终。关于对老子"道"的认识和诠释，历来众说纷纭。有的认为，"道"是精神性的本体，是脱离物质实体而独立存在的最高原理，主张老子的道论是客观唯心主义；有的则认为，"道"是宇宙处在原始状态中的混沌未分的统一体，主张老子的道论是唯物主义。一般认为，"道"是宇宙的本原及万物运行的规律。你是怎么认为的呢？可以畅所欲言哦！

古为今用

老子的"道"是两千年来中国传统哲学、传统文化的重要源泉。

在现实生活中，我们应当如何理解"道"，如何遵从"道"？首先，我们应当敬畏"道"，敬畏遵从"道"而运作的大自然，敬畏天地间合理存在的万物，静心体会那些不可言说的宇宙奥妙，用心灵去感受世间一切；其次，我们要在纷呈的生活中寻找到自己应当坚守的"道"，不因为恶劣的环境而放弃自己的立场，而是要做到仰俯天地之间而无愧；最后，我们在坚守"道"的同时，还应认识到"道"并非是一成不变的，而是随着时间和外部环境的改变而随时发生着微妙的变化，我们在生活中应当顺应"道"的变化而调整自己的立场与观点，与时俱进，顺应世界潮流的发展，调整自己的心态和行为，从而跟上周围环境的变化，不使自己成为落伍者。

第二章（治国）

精彩导读

本章主旨讲的是“道”的内涵。老子通过美与恶、有与无、难与易、高与下、长与短等事物表象的相互对立、相互依存关系，说明世间万物相互联系、相互统一的规律，确立了对立统一的永恒普遍法则。然后，在这种辩证观点的基础之上，又提出了圣人处世、治世的无为之道。老子说明事物相互依存及变化发展的规律，并提出了一些基本的行为准则，即“无为”“不言”“弗辞”“弗有”“弗恃”“弗居”等。这些准则在老子道论中是深得于“玄德”的体现，也是老子道论的基本行为主张。下面让我们一起来感悟吧！

原文

天下皆知美之为美，斯恶①已；皆知善之为善，斯不善已。故有无相生，难易相成，长短相较，高下相倾②，音声③相和，前后相随。是以圣人处无为之事，行不言之教。万物作焉不辞，生而不有，为而不恃④，功成而弗居。夫唯弗居，是以不去。

注释

①恶：此处指丑，与美相对。

②相倾：相互依附。

③音：发音之初的声响。声：发音以后的余声。

④恃：依靠、依仗。

译文

天下人都知道美之所以为美，丑的观念就跟着产生；都知道善之所以为善，不善的观念也就产生了。没有“有”，就没有“无”，没有“难”，就没有“易”，没有“长”，就没有“短”，没有“高”，就没有“下”，没有“前”，就没有“后”，这些都是相辅相成的。因此圣人做事，能体合天道，顺应自然，崇尚无为，实行不言的教诲。任万物自然生长，而因应无为，不加干预；生长万物，并不据为己有，化育万事，并不自恃其能；成就万物，亦不自居其功。就因为不自居其功，所以他的功绩反而永远不会被泯灭。

精彩点拨

在本章中，老子首先提出了一种对立统一的世界观，然后在其基础之上探索圣人治国处事的方式，即“处无为之事，行不言之教”。老子对美丑、善恶、有无、难易、长短、高下、先后等的论述是中国哲学史上最早系统而深刻地揭露事物之间对立统一规律的文辞，这也是老子哲学思想中最重要的一部分。老子以矛盾法则为基础，深刻地指出了世间万物的发展变化都是在矛盾对立的状态中产生的。对立的双方互相依存、互相联结、互相转化。这种相互之间的变化是自然万物的根本性质。天下以事物的形态和名称来区分善恶，所谓的美而善的东西真的是美而善的吗？处理事情，不要有以自己的意愿改变它的心思；教导别人，不要有以言语妄加指导的想法。如果有人能超脱于长短、先后的计较，做到不善不恶的中庸，那么天下还有什么值得他挂虑的呢？对这些观点，你的看法如何？

古为今用

“道”贯穿天地万物之间，盛衰存亡、生死病老无不依“道”而行。春耕夏锄秋收冬藏是农民种地应该遵从的规律，晚种或是早收都必将违反植物生长之道，使生产受损。揠苗助长便是最好的例子，将麦苗硬生生地拔出来，不仅不会让它生长得更快，反而会导致其枯萎。小到教育儿童，大到国家的治理、社会的改革，无不如此。老子所提出的一系列辩证统一的对立面在人类社会生活中随处可见，善恶、是非、强弱、祸福等都蕴含着丰富的哲学思想、人生真谛。在生活中只有知道了这些，才能从黑暗中发现光明，从困境中找到希望；只有了解了这些，才能做到不断进取，居安思危，正确地思考所遇到事情的是非善恶；只有清晰地认识到这些，才能透过事物的表象去观察它们的本质，寻找隐藏在表象内部的真实，才能站在更高的角度去纵观万物。愿我们都可以变得越来越智慧！

第三章（治国）

精彩导读

本章是老子对无为而治观点的具体论述与见解。在上一章，老子提出了无为而治的思想，这里继续将其深化，指出如何才能达到无为而治："虚其心，实其腹，弱其志，强其骨，常使民无知无欲。"在春秋时代的大动乱、大变革中，老子深刻地认识到盲目尚贤的危害，他主张"不尚贤""使民无知无欲"，他设想要人们回到一种无矛盾的"无为"境界。有人认为这是老子"平均"思想的体现，但也有人认为这是老子"愚民"的思想。我们在阅读欣赏古典名著时依然应该用到"一分为二"的辩证法思想，既要看到它的局限性，也要联系老子所处的时代特征、这一思想提出的背景，看到它的进步意义。下面就让我们走近《老子》第三章，来谈谈你的认识吧！

原文

不尚贤①，使民不争②；不贵难得之货③，使民不为盗；不见可欲，使民心不乱④。是以圣人之治，虚其心，实其腹，弱其志，强其骨⑤。常使民无知无欲，使夫智者不敢为也。为无为，则无不治。

注释

①尚贤：指崇尚贤能之才。

②不争：不争夺权位、功名、利禄。

③贵：重视、珍贵。货：财物。

④民心不乱：让人们不受诱惑，保持其纯洁的本性。

⑤强其骨：使人民的身体健康强壮。强，强壮。

译文

不标榜贤名，使人民不起争心；不珍贵难得的财货，使人民不起盗心；不显现名利的可贪，使人民的思想不致受到惑乱。因此，圣人为政，要净化人民的心思，没有什么自作聪明的主张；满足人民的温饱，就不会有更大的贪求；减损人民的心志，便没有刚愎自用的行为；增强人民的体魄，就可日出而作，日落而息；哪里还会与人相争呢？若使人民常保有这样无知无欲的天真状态，没有伪诈的心智，没有争胜的欲望，纵然有诡计多端的阴谋家，也不敢妄施伎俩。在这样的情况下，以“无为”的态度来治理国家，哪里还有治理不好的事呢？

精彩点拨

在本章中，老子鲜明地提出圣人之治在于无为的观点，认为只要心里没有贪念，就不会有不满及争夺之心，就能使自己达到一种纯朴自然的状态。老子说，不要使民众产生志向，但是要使民众的体格强健起来，有了强健的身体，就不会有痛苦产生；不崇尚贤者，就不会产生志向，志向是人心滋生贪欲的前因，如果内心存有志向，人们就会为了实现自己的志向而不择手段，这是恶行发生的一个前提。老子还特别提到，作为最高统治者，首先不要存有欲望，而应与民众一样达到无知无欲的境界，因为民众是以圣人为榜样的，如果圣人有欲望表现出来，那么民众就会觉得不知所措而出现混乱。最后，老子说，能做到这些，就是无为而治，就没有不能治理好的地方了。你的观点如何呢？

古为今用

虽然“不尚贤”“使民无知、无欲”的观点在当代显得过时了，但也并非完全错误，正如前面所言，世间万物、天地大道都在不断地进化和发展之中，我们也不应该以固定不变的观点来解读老子的学说，而应对它推陈出新。比如“尚贤”要尚什么贤，如何“尚贤”，什么“欲”该有，什么“欲”该无，我们都要与时俱进。很多青少年盲目追星，致使现在的新闻媒体上到处都是明星大腕的八卦新闻，很多“粉丝”“影迷”因为追星而耽误了学业，甚至做出了很多令人难以想象的事情，社会上这种对歌星、影星的过分热捧难道不值得我们进行深入反思吗？这样的“尚贤”是不是不如“不尚贤”呢？你怎么看待这些现象呢？

第四章（论道）

精彩导读

在本章里，老子仍然在进一步论述“道”的内涵。他认为，“道”是抽象的，人们视而不见，触而不着，只能依赖意识去感知它。虽然“道”是抽象的，但它并非一无所有，而是蕴含着物质世界的创造性因素。这种因素极为丰富，存在于天帝产生之先。因此，创造宇宙、天地、万物及自然界的是“道”，而不是天帝。这样，老子从物质方面再次阐释了“道”的属性。

原文

道冲①，而用之或不盈。渊②兮，似万物之宗③。挫④其锐，解⑤其纷，和⑥其光，同其尘，湛兮，似或存。吾不知谁之子，象帝之先⑦。

注释

①冲：空虚。
②渊：深。
③宗：祖。
④挫：除去。
⑤解：消解。
⑥和：调和。
⑦象帝之先：显于天帝之先。帝，自然之代称。

译文

“道”本是虚空的，然而其作用却不穷尽。它是那么深厚博大，好像是万物的祖先。它不露锋芒，它以简驭繁，在光明的地方，它就和其光，在尘垢的地方，它就同其尘。不要以为它是幽隐不明的，在幽隐中，却还俨然存在。像这样的道体，我不知它从何而来，似乎在有天帝之前就有了它。

精彩点拨

本章旨在说明不言之教的巨大功用。只有亲历道境，不为现象世界所羁绊，才能获得正确的世界观和人生观。“道”是虚幻的，又是客观存在的；正是它的虚幻，才可充实人们的内心。有了充实的内心，就可以挫锐解纷，和光同尘。把握了世界的本质规律，就能把握自己的命运。

“挫其锐，解其纷，和其光，同其尘”。锐，锐气、锋芒，指各种自以为是的行为和轻薄浮躁的情绪。纷，纷繁杂乱、支离破碎的事物及意识。尘，指现象世界，相对于本质世界而言。畅游于“道”的美妙境界里，彻悟了人生真谛，获取了大智大慧，原先那种不可一世的锐气及浮躁情绪被挫消了，一切与我无益的纷乱都得以解除；摒弃那种张扬外显、积极进取的心态，代之以不露锋芒、与世无争的人生态度。以合乎“道”的观点来看待世间的美丑、善恶、荣辱、贵贱，这时的人才是清醒的、有觉悟的。不言之教的功用即体现于此。你认可吗?

古为今用

在本章中，老子通过形象的比喻，把“道”呈现在人们面前。它难以名状，但囊括世间万物；它空虚无形，但永远不会枯竭。它是万物的主宰，天帝都是由其创造出来的。除了“道”是宇宙本源的思想外，老子还提出了自己的人生处世观点：“锉其锐，解其纷，和其光，同其尘”，即虚怀若谷、收敛锋芒、顺应外部环境。道冲，故而能用之而不盈，它广阔无边，故能囊括万物，无所不包。人也是如此，只有心胸广阔才能容人之所不能容，怀天下万事，成不世之功。古代那些著名的君上都是极具气度之人，他们能允许别人指责自己的缺点，能包容别人的不足，能对有很大缺陷的人量才而用；相反，也有一些人求全责备，严以律人，宽于律己，别人有一点缺陷就受不了，有人指出自己的缺陷时就愤恨吧，对于这样的人，没有人能接近他们，他们有了缺点也没人敢于当面进谏，最后，他们只能在激烈的竞争中败下阵来，成为笑柄。你能举出这样的正反典型事例吗?

第五章（治国）

精彩导读

在本章中，老子表达了自己无神论的思想倾向，反对将天地、“道”进行人格化的观点。他认为天地是自然的存在，无所谓仁，也无所谓不仁，它对世间万物没有特定的感情，只是任其自生自灭、自由发展。同样，圣人治理天下也应如此，让百姓自劳自息，尊崇自然规则，采取无为而治的方式。太多的冗政繁令只会让人们不知所从，造成混乱。本章用具体比喻说明如何认识自然和对待自然，论述天地本属自然，社会要顺乎自然，保持虚静，比喻鲜明生动。本章也是承上章对“道冲”做进一步论述。此处由“天道”推论“人道”，由“自然”推论“社会”，核心思想是阐述清静无为的好处。下面我们就来一起咀嚼《老子》第五章吧！

原文

天地不仁①，以万物为刍狗。圣人不仁②，以百姓为刍狗。天地之间，其犹橐籥乎？虚而不屈③，动而愈出。多言数穷，不如守中④。

注释

①天地不仁：天地不是人格神，没有意志，没有仁爱之心。

②圣人不仁：圣人顺乎自然，没有所谓仁与不仁。

③虚而不屈：空虚而没有穷尽。屈，竭、干涸。

④守中：即持守虚静的意思。中，通“冲”。

译文

天地无所偏爱，任万物自然生长，既不有所作为，也不刻意创造，因此它对于万物的生生死死好比祭祀时用草扎成的狗一样，用完以后，随便抛弃，并不爱惜。同样的道理，圣人效法天地之道，把百姓看作刍狗，让百姓随其本性发展，使他们自相为治。天地之间就像一具风箱，没有人拉它，它便虚静无为，一旦拉动起来，那风就汩汩涌出了。天地的静或动也是这个道理。我们常以自己的小聪明妄作主张，固执己见不肯相让，殊不知，言论越多，离道越远，反而招致败亡，倒不如守着虚静无为的道体呢！

精彩点拨

在这一章里，老子由天地的“不仁”讲到圣人的“不仁”，进而提出了“守中”的思想。其内容主要包括两方面：一是老子再次表述了自己无神论的思想倾向，否定当时思想界存在的把天地人格化的观点。他认为天地是自然的存在，没有理性和感情，它的存在对自然界的万事万物不会产生任何作用，因为万物在天地之间依照自身的自然规律变化发展，不受天、神、人的左右。二是老子又谈到“无为”的社会政治思想，是对前四章内容的进一步发挥。他认为，作为圣人——理想的统治者，应当是遵循自然规律，采取无为之治，任凭老百姓自作自息、繁衍生存，而不会采取干预的态度和措施。你怎么看待本章的观点呢？

古为今用

老子认为天地是一个物理的、自然的存在，它不具备人类所拥有的那些善良、仁爱等感情，它不会对其间存在、生长的万物有任何偏爱。这一见解表现了老子反对鬼神术数的无神论思想，是值得重视的进步思想。在老子眼中，天不带有任何人类道义和道德方面的感情，它只按自己的客观规律——“道”运行。虽然天不讲仁慈，但也无所偏向，不怀恻隐之心，也不具暴虐之性。它滋生万物，并非出于喜好；它降灾致疫，也不是出于厌恶。因此，圣人治理百姓也不可讲仁慈，而是应该顺应自然之道，顺应百姓之性，无为而治。如果人为的干预过多，那么各种矛盾就会激化，反而使社会更加混乱。对此观点，你的看法如何呢？

第六章（论道）

精彩导读

在这一章里老子继续阐明“道”的特征。他所运用的方法仍是比喻、借代，用“谷”象征“道”，说明“道”既是空虚的，又是实在的；用“神”比喻“道”，说明“道”变幻莫测；用“玄牝之门”比喻“道”是产生万事万物之根源，等等。老子想说明“道”的作用是无穷无尽的，从时间上而言，“道”历久不衰，天长地久；从空间上而言，“道”无处不在，无穷无尽。“道”孕育着宇宙万物，生生不息。老子提出了“谷神”的概念，用“谷”来象征其形状，说明它广大而虚无；用“神”来摹其变化，阐述它变幻无穷。孔子用“玄牝之门”来比喻“道”，形象地描绘了一个天地万物“生产”于“道”的画面。“道”博大无边、无所不能，又永恒不灭、无迹可寻。它是万物之母、一切之源，取之不尽、用之不竭；万物皆循“道”而为，生生不息。下面让我们继续悦享《老子》第六章，继续悟“道”吧！

原文

谷神①不死，是谓玄牝。玄牝之门，是谓天地根。绵绵若存②，用之不勤③。

注释

①谷神：道之别名。谷神是生养之神。

②绵绵若存：永续不绝、永恒存在。

③不勤：不劳倦、不穷竭。

译文

虚无而神妙的道（“谷神”），变化是永不穷尽的。它能产生天地万物，所以叫作“玄牝”。这玄妙的母性之门是天地万物的根源。它连绵不断地永存着，而它的作用越动越出，无穷无尽，自开天辟地，直到永远。

精彩点拨

何为“谷神”，众多学者各有解释。有人认为它是用“道”的特质来代指“道”的，“谷”指空虚博大，“神”指变幻无穷；用“谷”来象征“道”体的虚状；用“神”来比喻“道”生万物的绵延不绝。“谷神不死”道出了“道”的特性：空虚广大、变幻无穷，没有穷尽。也有人对“谷神”另有解释，比如南怀瑾先生在《老子他说》中就提到，“谷”一开始就是一般所谓山谷的简称，因为山谷的特殊构造，其中气流涌动，声音回环如有神人居住，古时人们见识浅薄，便依此形成宗教式的神话，塑造了很多莫须有的传说。可以说，这种“谷神”和平时常说的“山神”“河神”相似，老子在这里说“谷神”，只是借用了其中间空而无物的性质。

“玄牝之门”“天地之根”都用来说明“道”为产生天地万物的始源。“玄牝”一般都被解释为母体生产之门，玄牝产生万物的形容十分形象，其实人类在思索天地产生的时候，经常与母体、生殖相互联系。例如，在神话传说中，盘古就是产生于一个阴阳相交的大蛋中，而后才开辟出了天地万物。无独有偶，心理学大师弗洛伊德把人类的住房分析成母亲的替代物，说：“子宫是第一个住房，人类十有八九还留恋它，因为那里安全舒畅。”

古为今用

什么才是人生真正的追求，也许每一个人都有不同的回答。中国读书人倾心于儒家学说：修身、齐家、治国、平天下；立德、立功、立言。他们热衷入仕，以“为往圣继绝学，为万世开太平”为己任。然而，这并非是所有人都向往的生活，功名利禄也不是所有人都汲汲若渴的。随着我国城市化进程的不断推进，大多数人都生活在城市之中，整天面对着钢筋水泥、电子产品。拥堵的交通、喧嚣的噪声、紧张的生活节奏压得人们喘不过气来，“现代病”“城市病”“职业病”越来越多，成为社会和谐的重大不足。而且，随着城市的扩张，人类本身也开始越来越脱离自然，甚至很多地方，城市现代化与大自然截然对立。在这种环境下，为了社会的持续发展，为了人生更加美好，回归大自然，拥抱大自然显得越来越重要。你是否有同样的认识呢?

第七章（修身）

精彩导读

天地万物皆由道生，但“道”在天地之中又表现为不同的形式，有自然之道，有养生之道，有处世之道，有耕植收获之道。老子在此以天地无穷无尽之道来论述为人处世之道，提出“无私长存”“后其身而身先”等道理。他用朴素辩证法的观点说明利他和利己是统一的，利他往往能转化为利己，这种谦退无私的精神具有积极的意义。在这一章里，老子以天人合一的境界，把宇宙、人生和社会看成一个统一的整体，从而要求人与人之间爱而忘私，和谐相处。无私是合乎道的美德，只有坚持这一美德，人类才能实现“长生”。现在就让我们一起来感悟吧！

原文

天长地久。天地所以能长且久者，以其不自生，故能长生。是以圣人后其身而身先，外其身而身存。非以其无私邪？故能成其私。

译文

自古及今，天还是这个天，地还是这个地。天地之所以能永存，是由于它不为自己而生存，所以能长久生存。圣人明白这个道理，于是常把自己的事放在脑后，但是他的收获却远超出他的本意。这还不是因为他遇事无私，故而才能成就他的大私吗？

精彩点拨

在本章里，老子认为，天地是永恒存在的。而天地之所以能永恒存在，是因为它们的一切运作、变化都不是为了自己的生存而作为，正因为“不自生”，“故能长生”。天地生养万物而独不生自己，反而得到了长生。因此，老子希望圣人能从中悟出这个道理。如果圣人也效法天地的这种德行，不计个人得失，一心为公，便也会像天地一样“长生”。

老子根据宇宙法则揭示了人生法则，而人生法则里又贯穿着社会法则。治理国家，只要时时把人民的利益放在前面，自然能够得到人民的拥护和爱戴，从而体现人生价值，获得人生幸福。读完这些，你有何感想呢?

古为今用

本章所揭示的道理应用到现实中，即“不自私”“不争夺”“甘为人后”。这是一种极高的为人处世的智慧，以无争争，以无私私，以无为为。

本章所言的“成其私”只是一种对结果的描述，老子认为圣人不专门求私，也不避免“成其私”。这是一种顺道而为，却无意中成就的。其实，这一描述与儒家所言“安贫乐道”“富贵不骄”倒有颇多相似。

对于自私这一行为的由来，很难说得清楚。虽然社会上经常呼吁利人、无私，但几乎所有人都会有自私的行为，完全不为自己着想的人是不存在的，这样的人在社会上是无法生存下去的。应用老子的话说就是顺道，天长地久是因为顺道，世人自私也是顺道。顺应人性规律，顺应发展规律，遵循得失相依，有无相生，利己利他相互转化的辩证关系，以利人达成利己，以利己达成利世，这才是当前社会发展最需要的。对此你有什么观点吗?

第八章（修身）

精彩导读

在上一章里，老子以天地之道推及人道之后，这一章又以自然界的水来喻人、教人。圣人之所以能“无尤”，是因为他们“不争”。圣人的品格就像水那样，停留在众人都厌恶的地方，泽被万物，却不居功自傲。他们的居所、思想、行为、言论、治理天下的理念无不透着这种如水般的智慧。“上善若水”，上为至高，只有至高的东西才叫上；水的德行最高，虽然它的构成简单，但它是自然界里的生命之源。上善若水，从字面上解释就是：具有善性的人就像水一样。老子这是要人们学习水“柔弱处下”的德行。下面就让我们一起来领悟吧！

原文

上善①若水。水善利万物而不争。处众人之所恶②，故几于道。居善地，心善渊③，与善仁，言善信，政善治④，事善能，动善时。夫唯不争，故无尤⑤。

注释

①上善：最高的德行。上，最。

②处众人之所恶：即居处于众人所不愿去的地方。

③渊：沉静、深沉。

④政善治：为政善于治理国家，从而取得政绩。

⑤尤：怨咎、过失、罪过。

译文

合乎道体的人好比水。水善于使万物得到利益而不与之相争，它处于众人厌恶的地方，所以最接近“道”。乐与卑下的人相处，心境十分沉静，交友真诚相爱，言语信实可靠，为政国泰民安，行事必能尽其所长，行动必能适其时，这是因为他不争，所以才无错失。

精彩点拨

在本章中，老子首先用水性来比喻有德之人的人格，认为他们的品格像水一样：一是柔；二是居于卑下的地方；三是滋润万物而不与之争。具备理想人格的人也应该具有这种心态，不但做有利于众人的事情而不与之争，而且愿意去众人不愿去的地方，愿意做别人不愿做的事情。他可以忍辱负重，任劳任怨，能尽其所能贡献自己的力量去帮助他人，而不会与他人争功、争名、争利，这就是老子“善利万物而不争”的著名思想。那么，水的德行究竟是什么呢？它是最柔弱最具善性的东西，它具有宽广包容的胸怀和毫无所求、甘居人下的德操，无论到什么地方，都是无声无息的。对此你有何看法？

古为今用

众所周知，水有形却无状，它生性温柔，就像一个柔弱的少女，羞涩柔韧而又随遇而安。用坝拦它，它就静止不动；抽刀断水，于水毫发无损。在天，则为雨雪云雾，在地，则成江河湖海。遇热成汽，逢冷结冰，见风起浪，居高成湍，千变万化。最重要的是，无论它身处多么显贵的高位，都会谦卑地向下流淌。这一点，水比人明智，它甘居下位，滋润万物而不居功自傲，清静无为而又无所不为。

老子认为，拥有最高德行的人就如水一样，具有宽广的胸怀、谦逊的品格、与世无争的情操、宽厚诚实的作风，这些最接近大道的本质是人类最应效仿的德行。人的心胸就应该像水一样宽广无边、清湛悠然，不可处处与人争高低，而是要择地而居。对人要亲切自然，以诚相待，老实厚道，宁愿居下位也绝不欺他人。为人处世重诺守信，就如同潮汐一般，起落守时。你愿意这样做吗？

第九章（养生）

精彩导读

本章主要是讲功成身退之道。日中则仄，月满则亏，至阴则阳，至阳则阴。万物相生相息，相互转变，这是天地间最普遍的自然规律。老子认为做什么事都不能过度，自骄自满、锋芒毕露都是不能长久的。盈则倾覆，锐则致咎，一个人在成就了功名之后，就应当顺时而退，这才是保全之道。下面让我们一起来品读《老子》第九章吧！

原文

持而盈之，不如其已①；揣而棁之，不可长保②；金玉满堂，莫之能守；富贵而骄，自遗其咎③。功遂身退，天之道。

注释

①不如其已：不如适可而止。已，止。

②长保：不能长久保持锋利。

③咎：过失、灾祸。

译文

自满自夸，不如适时而止，因为水满则溢，过于自满的人必会跌倒。锋芒毕露，这种锐势总不能长久保住，因为过于刚强则易折，惯于逼人，必易遭打击。金玉满堂的人虽然富有，但不能永久守住他的财富；那恃富而骄的人，最后必自取其祸，只有功成身退才合乎自然之道。

精彩点拨

大千世界，芸芸众生，谁不追逐名利、倾慕荣华？而能做到心如止水、超然物外者恐怕寥若晨星。既然我们都无一例外地生活在现实的世界里，就不可能不食人间烟火，因为吃、穿、住、用、行是人类最基本的生存需求。可是，当这些需求得到满足之后，人们还会积极思考如何实现自身价值，去幻想更多不同层次的需求；当低级的需求得到满足之后，人们就会更加迫切追求那些更高层级的事物，这是个既简单又复杂的道理：说它简单，是因为提到需求，每个人都深有体会，不难理解；说它复杂，是因为每个人的需求是千差万别的，这是针对个体而言的。但从整体上来说，人类的贪欲永远都无法得到满足。人类的这一弱点决定了其会一直追名逐利。所以说，人的欲望是无止境的，这是人的本性使然。因此，人类如何克服自身弱点是个非常重要而又相当棘手的问题。对此你有什么想法吗？

古为今用

追求圆满是世人的通病，在功名、利禄、权位唾手可得之时，有几个人能保持一颗知足之心呢？大多数人都是恨不得有多少要多少，唯恐得到的少。殊不知，此时这些人已经被名利迷了心智，用文艺作品中的话说就是，此时已经不是人支配财物了，而是财物迷惑、控制了人的灵魂。人已经变成了“名利僵尸”。更有些人想出名，想发财，丧失了根本的礼义廉耻，脑袋里都是那些声色犬马的东西，为了出名发财而寡廉鲜耻，无所不为。老子在本章中郑重告地诉人们：物极必反。太满会溢，太尖利会断，这就启发人们不管做什么事，都要适可而止，进退有度。太露锋芒就会遭人嫉妒和陷害，不如到一定的时候退而隐之，即“功遂身退”，不可最大限度满足自己的欲望。退而隐之不是形式上的退居深山，而是要有功不倨傲，有名不恃名，有财不扬财。这就是老子倡导的“大道”理念。你觉得有道理吗？

第十章（修身）

精彩导读

本章是讲修道育朴的方法和过程，从“载营魄抱一”到“明白四达”，境界是逐步提高的。“道”的境界和自我之德是同步的，“玄德”表明，自我之“德”与“道”合一是“德”的最高境界，并透过六个问句，把“道”在修身治国方面的作用做了几条总结，对一般人和统治者提出了要求。下面就让我们一起来心领神会吧！

原文

载营魄抱一，能无离乎？专气①致柔，能如婴儿乎？涤除玄览，能无疵乎？爱民治国，能无知乎？天门开阖，能为雌②乎？明白四达，能无为③乎？生之，畜④之，生而不有，为而不恃，长而不宰，是谓玄德⑤。

注释

①专气：集气。

②雌：宁静的意思。

③知：通“智”，指心智、心机。

④畜：养育，繁殖。

⑤玄德：玄秘而深邃的德行。

译文

你能摄持躯体，专一心志，使精神和形体合一，永不分离吗？你能保全本性，持守天真，集气到最柔和的心境，像婴儿一样纯真吗？你能洗净尘垢、邪恶，使心灵恢复光明澄澈而毫无瑕疵吗？你爱民治国，能自然无为吗？你运用感官、动静、语言之间，能致虚守静吗？你能大彻大悟、智无不照、不用心机吗？如果你能做到这些事的话，那么便能任万物之性而化生，因万物之性而长养。生长万物而不据为己有，兴作万物而不自恃己能，长养万物而不视己为主宰，这就是最深的“德”了。

精彩点拨

在本章中，老子的观点中“道”本来就是无所不在，支配万物的。本章开头六句，提出了老子在修身、养性、治国、为学等多方面的思考。对于这些句子，历来都存在不同的解释。有的认为“载营魄抱一”“专气致柔”“涤除玄览”等是老子认可的修行方式，而“无离”“无疵”“如婴儿”则是修行所要达到的目的，最后“生而不有，为而不恃，长而不宰”是修道者所应具有的“玄德”。也有人认为，这是一种反问，老子所想说明的是人们平时采取那种刻意的修为不能达到“无离”“无疵”等目的，而想要实现幽深玄妙的德行，只能采用“无为”的方式，遵守大道，任性发展就可以了。你认为呢？

古为今用

专气致柔就是把自己的精神和元气凝聚起来，如果我们能够聚集自己体内的精气而长久保持婴儿般的柔软体态，就能长盛不衰。作为统治者，治理国家也是如此，要像婴儿一样无欲无为，顺应自然本性，而不加任何人为的因素，只有无为而治，才是真治。采取强硬措施不但不利于安定民心，反而会导致天下大乱。只有顺应百姓自身的自然规律，才能收到较好的效果。当一个人做到了心性豁达、彻底觉悟，一切顺应自然、顺应规律，那么这就是“玄德”。就像宇宙一样有深邃的内涵，包容一切，而且自己不去主宰别人，这才是老子专气致柔的精髓所在。你同意吗？

第十一章（论道）

精彩导读

“有”“无”相生相成，才构成了能为人类所利用的世间万物。老子对“有”和“无”的辩证关系的论述，具有很大的借鉴意义。就治身而言，要想健康长寿，就不能只是强调用有形的佳肴来厚待有形的身体，而最根本的在于关注无形之法身。只要守住法身，健康长寿就会成为必然。人体就像房子，法身是房子的主人，只要主人不去，房子就不会倒塌。你同意《老子》的观点吗？下面让我们来研究《老子》第十一章吧！

原文

三十辐共一毂①，当其无②，有车之用。埏埴以为器，当其无，有器之用。凿户牖③以为室，当其无，有室之用。故有之以为利，无之以为用④。

注释

①辐：车轮中连接轴心和轮圈的木条。毂：车轮中心的圆孔，插轴的地方。

②当：在。无：指毂的中间空的地方。

③户牖：门窗。

④为用：起作用。

译文

三十根车辐汇集安装到一个毂上，在毂中有空处，这才有车的作用。揉合陶土制成器皿，在器皿中有空处，这才有器皿的作用。开凿门窗建造屋室，在屋室中有空处，这才有屋室的作用。如果明白这些道理，就知道“有”给人以便利，“无”发挥了它的作用；真正有用的所在还是在于虚空的“无”。

精彩点拨

本章的核心问题是“有之以为利，无之以为用”，即“无”和“有”的辩证关系，旨在阐明“有”和“无”的对立统一关系。老子通过车子、陶器、房子三个例子来说明问题，指出这几样事物都是有形的，也就是“有”，而体现它们自身价值的却是无形的空间，也就是“无”。“有”和“无”的关系就是“利”和“用”的关系。“利”是使用价值的前提条件，“用”是使用价值的决定性因素。所谓“有无相生”，是就“利”和“用”关系而言，“利”和“用”的关系是相辅相成、不可分割的，有“有”就有“无”，有“实”就有“虚”，在时间上没有先后，在主次上也没有本末。我们在看待问题的时候，必须以“无”为本，以“有”为末，崇“本”而举“末”。你怎么看待老子的这一观点呢？

古为今用

在本章中，老子举了三个十分生动的例子：车毂、埏埴与凿室，形象地说明了“无”的作用。古代大木车的车毂，中间是空的，三十根辐条连在毂上，正是因为它的空，才有了它作为中心支点的作用，使车子能够远行千里，担当重物，旋转不休。透过它，可以看到一种可用于修身治世的道：中心无物，通过自然的法则操纵万物，无偏无倚，合和众力。埏填而成的器皿，其间空空如也，而人们利用的正是这种无。只有心中放空，才能装载万物。空是一种难得的智慧。老子之所以反复讲述“有”与“无”的关系，就是为了让人们明白“有无相生”“有之以为利，无之以为用”的道理。在现实社会生活中，一般人只在意实有的东西及其作用，而忽略了虚空的东西及其作用，被眼前能看到的真相所迷惑，真正的智者并非只注重所谓的“实在的”东西，他们知道在那些实在的东西背后有很多真正重要却未能显示出来的事物。古人的智慧真是值得我们借鉴。你认为呢？

第十二章（养生）

精彩导读

本章是老子对人生如何对待“欲”的思考，也是对奴隶主贵族们的一种劝谏、警告。老子提倡清静无为的修身之道，反对过分奢华，他认为对五色、五声、五味的过分追求都是导致人生堕落的根源。同时，他反对驰骋田猎，以及对“难得之物”的追捧，认为这种过度的放纵会导致人迷失本性。这些内容和前面的“不见可欲”“不贵难得之货”相互呼应，体现了老子清净、朴实的处世态度。对此你是怎么看的呢？下面让我们带上问题研读《老子》第十二章吧！

原文

五色令人目盲；五音令人耳聋；五味令人口爽；驰骋[①]畋猎，令人心发狂[②]；难得之货，令人行妨。是以圣人为腹不为目[③]，故去彼取此[④]。

注释

①驰骋：指马纵横奔走。

②心发狂：内心烦躁不安而不可制止。

③为腹不为目：只求温饱安宁，而不为纵情声色之娱。

④去彼取此：摒弃物欲的诱惑，而保持安定知足的生活。

译文

过分追求色彩的享受，终致视觉迟钝；过分追求声音的享受，终致听觉不灵敏；过分追求味道的享受，终致味觉功能退化；过分纵情于骑马打猎，追逐鸟兽，终致心神不宁，放荡不安；过分追求金银财宝，终致道德沦丧，身败名裂。所以圣人的生活只求饱腹，不求享受，宁取质朴宁静，而不取奢侈浮华。主张摒弃一切外物的诱惑，以确保固有的天真。

精彩点拨

本章揭示了“为腹”与“为目”的辩证关系，指出了物欲文明对人的伤害，并通过色彩、声音、味道、狩猎、稀有之物对于人身心的种种伤害，进而引出自己的观点：沉迷于感官上的享乐会导致人的感触功能减退，会使人的品行偏离正道。老子坚决排斥这种生活方式，而是提倡“为腹不为目”的生活态度，实际上就是把前一章“利”和“用”的关系归结到人体科学上来，表明了老子以“道”为本的微观认识论，只不过是老子在本章继续列举妨碍内心达到“无”的事例。

古为今用

我们在理解老子的话语时，一定要考虑其提出论点的语境。食、色、音都能成为一种文化，成为很多人高雅的追求，但老子并非是针对什么美食节、音乐节、绘画艺术而说的，而是针对那种奢侈靡朽的生活而言的，即人们可以追求这些事，但凡事都应有一定限度，过分了，很正常的一些爱好就会变质，很多有益的事情就会变得有害。音乐、美术都是高雅的艺术，但在一些令人堕落的场所，那些靡靡之音、引起原始欲望的因素就会成为腐蚀人灵魂、危害人心灵的祸患。老子希望人们能够丰衣足食，指的是内在宁静恬淡的生活方式，而非外在的贪婪生活。这在物欲横流的现代社会尤其值得人们思考，可惜当今太多人根本没有时间去思考。打开新闻时时能看到各种选美比赛、盛宴聚会，以及让粉丝们疯狂的音乐演唱会。太少的人能在这喧嚣之中清静下来，仔细想想自己到底追求什么，自己到底需要什么。我们需要的到底是什么呢？静下心来好好想一想吧！

第十三章（修身）

精彩导读

在人们印象中，宠和辱似乎是截然不同的待遇，一个是受到礼遇、喜爱，一个是受到侮辱、轻视，避辱而求宠是人之常情。但在老子眼中，宠、辱是相同的，它们都会让人“若惊”。一方面受到宠幸，得宠者就会心中欣喜，一旦忘乎所以，便容易导致邪行；另一方面，宠是别人的恩惠，是卑下者才会享有的待遇，得宠者就会以得宠为殊荣，为了不失去它，就不得不在赐予者面前诚惶诚恐、战战兢兢，甚至曲意逢迎、阿谀谄媚。这既伤害了自己的身体，又摧残着人们的人格尊严。同样，受辱也是如此，受辱者心中愤懑，人格受到损害。所以宠与辱是同样的，都会损害人的本性。一个人只有看破荣辱，不愉不惧，才不会患得患失，才能保持自己人格的完整，以及精神的独立。否则，自身且不能保全，如何谈得上治天下？下面我们一起来领略《老子》第十三章中所渗透的智慧吧！

原文

宠辱若惊①，贵大患若身②。何谓宠辱若惊？宠为下③，得之若惊，失之若惊，是谓宠辱若惊。何谓贵大患若身？吾所以有大患者，为吾有身，及吾无身，吾有何患？故贵以身为天下，若可寄天下；爱以身为天下，若可托天下。

注释

①宠辱：得宠与受辱。若惊：吃惊。

②贵大患若身：重视大患就像珍惜自己的身体一样。贵，珍贵，重视。

③宠为下：受到宠爱是不光荣的、下等的。

译文

世人重视外来的宠辱，没有本心的修养，所以得宠受辱都免不了因而心惊，又因不能把生死置之度外，畏惧大的祸患而心惊。为什么世人得宠和受辱都要心惊呢？因世人认为宠上辱下，宠尊辱卑。得到光荣就觉得尊贵，受到耻辱就觉得丢人，因此得之也惊，失之也惊。为什么世人畏惧大的祸患也心惊呢？因为我们常想到自己，如果我们忘了自己，那还有什么祸患呢？所以说，只有以贵身的态度治理天下，才可把天下托付给他；以爱身的态度治理天下，才可把天下交给他。

精彩点拨

本章是老子将修身观、治国观相互结合的论述，讲如何对待荣辱，如何对待自身的问题。提出“故贵以身为天下，若可寄天下；爱以身为天下，若可托天下”的重要观点。本章主要讨论两个问题：一是“宠辱若惊”；二是“贵大患若身”。“宠”指非常道，“辱”指常道。“宠”字的构成是宇宙中有“龙”的样子。在古代的易道八卦学说中，龙是一个极重要的概念，因为宇宙八方是靠六个龙头的不断延伸才得以形成的。所以中国人便有“龙的传人”之说。而“辱”字的构成则是用手掌拿捏好时辰分寸的样子。“惊”字为“敬马”之合。庄子说：“万物一马也。”所谓“一马”，也就是“道”。如此说来，“惊”字也就可以看作“敬道”。所以，宠辱若惊是指宠和辱都要以“道”为其归依。你认为呢？

古为今用

人作为情感动物，对荣辱的情感体验十分敏感，面对荣辱，人们总会有所反应。比如，当我们受到别人恭维和赞许时，心里会感到喜悦；当我们受到别人的冷眼、辱骂、轻视的时候，我们也会表现出不安、惊恐，其实，这一切都是由人类自身的弱点所决定的，无论人是得到宠爱，还是得到屈辱，都会忧心忡忡，惶惶不可终日。所谓“贵大患若身”，贵，以之为荣，看重；大患，极强的忧虑；若，如。得宠就惊喜，受辱就惊惧；在老子看来，人在荣辱面前的这种表现虽是常态，但都是不正常的。因为荣辱都是一时虚名，事过境迁之后，便成过眼云烟。人不能远离荣辱，但也不能成为荣辱的奴隶。只有看淡荣辱、超然自守的人，才能把握自己的人生方向，成为自己的主人。你是否同意呢？

第十四章（论道）

精彩导读

“道”不可被感知，它虚无缥缈，却又是真实存在的，它支配着万物的运转，是“无状之状，无物之象”。只有掌握了“道”变化运动的规律，才能了解“道”，了解“道”所支配的世间万物。“希”“夷”“微”这三个概念，也无法穷究“道”的本源和真正内涵，它们是不可分割的一个整体，我们称之为“一”。下面让我们一起来探究《老子》第十四章的深刻内涵吧！

原文

视之不见，名曰夷①；听之不闻，名曰希②；搏之不得，名曰微③。此三者不可致诘，故混而为一。其上不皦，其下不昧。绳绳不可名，复归于无物。是谓无状之状，无物之象，是谓惚恍④。迎之不见其首，随之不见其后。执古之道，以御今之有。能知古始，是谓道纪⑤。

注释

①夷：无色。

②希：无声。

③微：无形。

④惚恍：若有若无，闪烁不定，微妙莫测。

⑤道纪：道的纳纪，即道的规律。纪，理。

译文

看不见的叫作“夷”；听不到的叫作“希”；摸不着的叫作“微”。既然“道”看不见、听不到、摸不着，又何必去穷究它的形象呢？因为它是混沌一体的。这个混沌一体的“道”在高并不显得光亮，在低也不显得昏暗。只不过是那样幽微深厚而又不可名状，到最后还是归于无物。这叫没有形状的“形状”，没有物体的“形象”，也可称它为恍惚不定的状态。你迎着它，却看不到它；随着它，也望不见它。秉执着这亘古就已存在的“道”，就可以驾驭万事万物；能够了解这亘古存在的“道”，就知道“道”的规律了。

精彩点拨

什么是夷？肉眼无法看到的东西，我们称之为夷，看不见并不代表它不存在，只是它无法被我们用眼睛所认知罢了。比如，我们站在平地上极目远眺，目击到的东西极其有限，而地平线那一边我们是根本看不到的；而对于一些微生物，我们必须借助仪器才能看到，肉眼根本达不到这样的境界。这正像“大道”不以人的意志为转移一样，它是客观存在的，并时时刻刻对人产生着影响，我们也只有认识到了这一点，才能更好地遵循“大道”的规律，而不是与“大道”相背离。什么是“希”呢？“希”就是我们用耳朵无法听到的声音，它的特点是细小、缥缈、轻微，这些特点决定了它不可能被我们听得真切，除此之外，距离也会令我们无法听到一些声音，即使“大道”有声，也不会被我们听见，因此我们常说“大道无声”。那么，什么是“微”呢？当一个东西小到无法被我们摸着时，我们就称它为微。你认同吗？

古为今用

人类感知外物的方式最重要的就是通过眼睛、耳朵、身体接触，认识了身边的花草、山水、日月星辰、鸟兽鱼虫。它们有色彩，有形状，有音调，有触感，但“道”却和我们所了解的世间万物截然不同，它是虚空的，却又真实存在；它支配着万物，无所不在，却又无法直接被感知；它可大可小，变化多端，远远超出了人类日常对万物的认识。要认识和把握事物的发展规律，就要把握“道”的运作规律。所以人们“观古而知今”“观物而知人”“观一而知万”，这都是对“道”的总结。人们常说的圣人就是因为比平常人更能参悟到“道”的规律，所以他们能顺道而行，能善治万物，能无失无过，能无忧无惧。掌握事情发展的规律，即老子所说的“道”，是解决事物的最佳途径。你理解了吗？

第十五章（修身）

精彩导读

本章紧接前章，对“得道之士”做了具体描写。老子之所以称赞得道之人的“微妙玄通，深不可识”，是因为他们掌握了事物发展的普遍规律，懂得运用普遍规律来处理现实存在的具体事物。因得道之人具有良好的人格修养和心理素质，故它们有很强的静定功夫。他们表面上清静无为，而实质上他们的身体蕴藏着极大的潜能，他们极富创造性，只是不愿显山露水。他们静谧幽深，难以测识。因而得道之士的精神境界要远远超出一般人所能理解的水平。正如“道”渊兮、湛兮一样，得道之人也“微妙玄通，深不可识”，他们掌握了事物发展的规律，自然也懂得如何顺“道”来修身、处事，他们身上所表现出来的特征和“道”本身的特征极为相似。他们谨慎又旷达、严肃又洒脱、警惕又浑厚、纯朴又融和。他们含而不露、高深莫测、从不自满，故能去旧更新，不断进步。下面就让我们一起来探究《老子》第十五章。

原文

古之善为士者，微妙玄通，深不可识。夫唯不可识，故强为之容①：豫②兮若冬涉川，犹兮若畏四邻③，俨④兮其若客，涣兮若冰之将释，敦兮其若朴，旷兮其若谷，混兮其若浊，孰能浊以，止静之徐清？孰能安以久，动之徐生？保此道者，不欲盈。夫唯不盈，故能敝不新成⑤。

注释

①容：形容、描述。

②豫：引申为迟疑、慎重的意思。

③犹：用来形容警觉、戒备的样子。若畏四邻：形容不敢妄动。

④俨：恭敬，严肃。

⑤敝不新成：去故更新的意思。

译文

古时的有道之士真是不可思议，他胸中的智慧深不可测。因为他深不可测，所以要描述他的话，也只能勉强形容而已。他小心谨慎的样子好像冬天涉足于河川；警惕的样子好像提防四邻窥伺；拘谨严肃好像身为宾客；融和可亲好像春风中冰的解冻；淳厚质朴好像未经雕琢的素材；心胸开阔好像空旷的山谷；浑沌自然好像混浊的大水。试问谁能在动荡中安静下来而慢慢地澄清？谁能在安定中生动起来而慢慢地活泼？唯独得道的人，才有这种能力。因为得道的人不自满，所以才能达到吐故纳新的效果。

精彩点拨

在本章中，老子就得道之人的特征概括为以下七点：一是“豫兮若冬涉川”。引申为迟疑慎重，如临深渊的意思。二是“犹兮若畏四邻”。小心、犹豫的样子。三是“俨兮其若客”。庄严肃穆的样子。四是“涣兮若冰之将释”。比喻得道之人从自己的欲望、梦想中解脱出来，恢复为本我。五是“敦兮其若朴”。端庄、厚重；外在朴素、自然。六是“旷兮其若谷”。比喻像山谷一样虚空。七是“混兮其若浊”。混同，混浊。得道之人清醒的最高境界是使内心明净，不与污浊的世界同为一体。这便是本章对得道之士所做的具体描写。

古为今用

“道”本身是玄妙精深、虚空无形的，只有那些具有大智慧的人才能体悟到“道”，才能掌握世间万物的运行规律，用俗话说就是“上知天文，下知地理，前知五百年，后知五百年”。老子所说的得道之士的特点对今天人们的现实生活极具启发力，是人们应当仔细思考的。什么时候该迟疑、从容，什么时候应该小心、谨慎，什么时候应该“若冰释”“若谷”……的确，这些都很难说得清楚。只有在对自然万物的不断了解之中，才能总结其中的规律，才能掌握其中的大道，做到进退有据，才能无得失之患，无忧惧之伤。你愿意成为这样的人吗？

第十六章（修身）

精彩导读

宇宙间万物都是由动到静、由生到死，循环往复的。然而只有致虚守静到极点的圣明得道之人才能看到这种永恒不变的自然规律。老子希望人们从虚寂沉静的环境去观看世间万物，如此才能得到“道”的真谛，才能遵循“道”来对待事物，从而达到“殁身不殆”。老子认为，“道”的本质和修行的最高境界就是达到“虚”的极致和虔诚地守住一个“静”字，于是他提出了“虚极”“静笃”“静”“常”“明”“容”等概念。下面就让我们一起来探究《老子》第十六章所蕴含的深刻哲理吧！

原文

致虚极，守静笃①。万物并作②，吾以观其复③。夫物芸芸④，各复归其根。归根曰静，是谓复命。复命曰常，知常曰明，不知常，妄作凶。知常容，容乃公，公乃王，王乃天⑤，天乃道，道乃久，没身不殆。

注释

①极、笃：极度、顶点。

②并作：竞相生长。作，生长、发展。

③复：循环往复。

④芸芸：茂盛、纷杂、繁多。

⑤天：指自然的天，或为自然界的代称。

译文

若是致虚、宁静的工夫达到极致，做到去知去欲，那么我们不难看出万物的生长、活动是由无到有，再由有到无，往复循环的规律。虽然万物复杂众多，但是到头来还是要各返根源。回返根源叫作静，也叫复命。这是万物变化的常规，所以复命叫作常。了解这个常道可称为明智。不了解这个常道而轻举妄动，就要产生祸害了。了解常道的人无事不通，无所不包；无事不通，无所不包就能坦然大公；坦然大公，才能做到无不周全；无不周全，才能符合自然；符合自然，才能符合“道”；循道而行，才能永垂不朽。如此，终生也就可免于危难了。

精彩点拨

本章阐述的是“道”的本质，揭示了修行的最高境界。“大道”虚是其常，有是其变；静是其常，动是其变。有、动最终必归于不有、不动。所以，守定常道，万物虽纷纷扰扰，只须以虚含有，以静待动，并且不见其有，不见其动，就会随着事物的变化而变化，使自己永远处于安乐的境地。行道时要知道正常合理是什么样子，它的样子就是公正合理，公正合理，才能够保全，保全是至上的信条。知道了天道的规律法则，才可以涵容一切，不倚仗神通而妄加干涉。做到涵容一切，才会无私无欲；做到了无私无欲才可能神机博大；神机博大，才可能神融太虚；神融太虚，才可能同归生命的本源，只有回归生命本源，才会永存不息。

古为今用

在本章中，老子指出了万物生生不息的根源，就是在“道”的支配下，由静至动、由动至静地无止息循环着。这种规律在世间永恒，却是不可名状的，我们只能“强容之”，即“道”为万物的本源，万物从这里开始，从这里结束。

从整体上看，世间万物是动的，因为它们都在无止息地循环着，可它们又都是静的，因为无论它们如何动，最终总会归于原始。

本章给人们的启示很多，如要用动静循环发展的眼光去看待事物，要怀着虚空、包容的心；要公正、无所偏颇；要回归自然，追求安静的本性，做事要顺从事物发展的规律，不能妄为……世间万物都是有规律的，都是依着“道”而运作，人们做事前应该先弄清其中的规律，依规律做事，则能事半功倍，否则必然会事倍功半。

第十七章（治国）

精彩导读

统治者有四种层次，不同的层次，人民对待他的态度也各不相同。其中最好的统治者悠闲自在，很少发号施令，人民甚至感觉不到他的存在。当事情办好之后，人民会认为自己本来就是这样的。在本章里，老子主要论述了统治者治理国家的问题，他主张无为而治，无为的真正内涵是无不为，只有达到了这一境界，才能实现国泰民安。那么统治者怎样才能达到无为而治的最高境界呢？下面让我们进入《老子》第十七章的研讨。

原文

太上①，下知有之；其次，亲而誉之；其次，畏之；其次，侮之。信不足焉，有不信焉。悠兮②其贵言③，功成事遂，百姓皆谓："我自然④。"

注释

①太上：至上、最好，指最好的统治者。

②悠兮：悠闲自在的样子。

③贵言：指不轻易发号施令。

④自然：自己本来就如此。

译文

最上等的国君治理天下，居无为之事，行不言之教，使人民各顺其性，各安其生，所以人民只知有国君的存在；次一等的国君以德教化民，以仁义治民，施恩于民，人民更亲近他、称颂他；再次一等的国君以政教治民，以刑法威民，所以人民畏惧他；最差的国君以权术愚弄人民，以诡诈欺骗人民，法令不行，人民轻侮他。这是什么缘故呢？因为这种国君本身诚信不足，人民当然不相信他。最上等的国君是悠闲无为的，他不轻易发号施令，然而人民都能各安其生，得到最大的益处。等到事情办好，大功告成，人民却不晓得这是国君的功劳，反而都说："我们本来就是这样的呀。"

精彩点拨

在本章里，老子将统治者分为四个等级：一是最高明的统治者，他采用的是顺应自然规律的方法，不对人民的生活进行干涉，所以人民生活得自在安乐，没有怨尤的对象，也就感觉不到统治者的存在了；二是稍逊一等的统治者，他的特点是给人民施以恩惠，人民亲近他、赞誉他，他施惠于民，但不高高在上，不让人民感觉到他的特殊性，他可亲可敬，和人民相处融洽；三是用强制手段的统治者，他声色俱厉，经常摆出盛气凌人、不可一世的神态，和百姓的关系如同水火；四是最下等的统治者，这种统治者专横跋扈，不把老百姓的生死放在眼里，把他们当作奴隶来对待，对他们进行奴役、辱骂。

老子推崇的是实行无为而治的统治者。统治者要想成为"太上"，就要取信于天下，顺应自然，这就实现了"王道"。你怎样看待这个观点呢？

古为今用

老子认为最好的统治者根本不用费尽心力去治理百姓，他只需要有足够的威信，悠闲自在地垂拱而治就可以了。而这种威信的来源正是"贵言"，即少发号施令。太多的政令，朝令夕改只能让百姓更加困苦，不知所从。在老子眼中，朝廷不是管理百姓的权力机构，只是调节百姓、使百姓做事顺从自然之道的工具。平时朝廷和百姓各安其是即可，百姓不需要知道统治者的存在。老子的想法固然是好的，然而我们也应看到，这只是老子的一种乌托邦式的理想。人性是多样的，尤其是在经历过大乱、大变动的时代，一味地让人们自由发展并非最好的办法。人们常说："乱世用重典。"即是如此。因此，我们应用发展的眼光看待老子的学说，在认识到其政治理念的时候，也应看到它的时代性、局限性。

第十八章（矺时）

精彩导读

在本章中，老子再次阐述了自己的辩证思想，“大道”盛行之时，像“仁义”这些东西自然地存在于人们的行为当中，因为人们不缺乏仁义，所以感觉不到它的存在，也就没有了倡导的必要。只有当社会秩序大乱、大道缺失、仁义泯灭的时候，人们才会由于缺乏这些东西而大加倡导。在老子看来，人人所向往的仁义的出现恰恰是因为大道荒废了；那些巧诈、奸伪的出现恰恰是因为人们恃以提防、辨别他们的智慧。同样，孝慈、忠臣的出现无不如此。乍一看，老子的说法似乎很难理解，但仔细思索却发现，道理尽在其中。下面就让我们一起来品味《老子》第十八章中的智慧吧！

原文

大道废，有仁义；智慧①出，有大伪；六亲②不和，有孝慈③；国家昏乱，有忠臣。

注释

①智慧：聪明、智巧。

②六亲：父子、兄弟、夫妇。

③孝慈：晚辈对长辈要孝，长辈对晚辈要慈，因此它是规范上下辈关系的。

译文

大道废弃以后，才有仁义；随着智巧的出现，才产生诈伪；家庭不睦以后，才显出孝慈；国家昏乱以后，才产生忠臣。

精彩点拨

本章表现了老子在仁义道德领域的辩证法思想。仁义、智慧、孝慈、忠诚本是世人最看重的美德，但老子却认为它们和大伪、巧诈、不和、昏乱是一气相连的。王弼说：“甚美之名生于大恶，所谓美恶同了。”仁义的出现恰恰是因为大道的毁弃，没有荒废的大道，就不能显示出仁义，孔孟之所以被称为圣人，就是因为他们生活在礼崩乐坏的乱世，能在乱世中呼吁自己的德治主张而被世人尊仰。智慧也是如此，如果人人都没有心机，大家都按规律行事，那么怎么会有伪诈出现呢？一家和睦团结，父慈子爱，兄弟相亲，夫妇和谐，如何能突出谁孝顺、谁不孝顺呢？天下和平无事，上有道，下有守，哪里需要舍生取义、杀身成仁的忠臣呢？提到忠臣，人们就会想到岳飞、史可法、文天祥、方孝孺等，可是他们之所以有忠臣之名，就是因为遇到了乱世，天下大变，而他们所得到忠名的代价也都是悲惨的。在那些盛世之中，很少有人被称为忠臣，因为这时的天下用不着忠臣来为它牺牲。你认为这种说法有道理吗？

古为今用

“仁”和“义”合起来就是“仁义”，仁义在本章中是指那些合情合理、合乎道义并热爱同类的行为。仁义能带来和睦安定，如果不仁义，必将招致祸患。人们在明白了这个道理之后，就纷纷行仁义，这是人们有智慧的表现。那么为什么要提倡仁义？就是因为存在不仁不义，大道作为社会自然的公平准则被抛弃了。为什么会出现这一情况呢？这是因为人是有欲望的动物，受欲望的驱动，人们难免会利用各种手段来满足自己的私欲，有些人为了职位的攀升，对上级溜须拍马、阿谀奉承；有些人为了给自己开脱罪责，不惜蒙骗别人，颠倒黑白；也有些人成天摆出一副忠实的面孔，其实其心里早已打好了坑害别人的小算盘，他们使用种种伎俩，只为一己私利。他们心中没有半点仁义，表面却要装出十分仁义的样子，其虚伪的本质掩藏在华丽的外表和花言巧语里，他们越是装得仁义，就越能得到大的好处。在你的身边有这样的人吗？

第十九章（治国）

精彩导读

在本章中，老子对前一章提到的社会弊病又做了进一步阐述，并针对社会病态，提出具体的治理方案。老子提出“绝圣弃智”“绝仁弃义”“绝巧弃利”的治世思想，认为“仁义”“圣智”等不足以作为治理国家的法则，只有归于原始，保持事物的本性，才能免除世间的忧患。在前一章中，老子说“智慧出，有大伪”，于是他在本章的开篇就点明“绝圣弃智”，这使人不免产生疑惑：“聪明睿智和巧言善辩乃人心所向，为何要杜绝和抛弃呢？”下面就让我们走进《老子》第十九篇进一步了解吧！

原文

绝圣弃智①，民利百倍；绝仁弃义，民复孝慈；绝巧弃利②，盗贼无有。此三者以为文不足，故令有所属③：见素抱朴④，少私寡欲，绝学无忧。

注释

①绝圣弃智：抛弃聪明智巧。圣，自作聪明之意。

②巧：指奇巧的器物。利：指财货。

③属：归属、适从。

④见素抱朴：意思是保持原有的自然本色。素，没有染色的丝。朴，没有雕琢的木。

译文

聪明和智巧伤害自然，所以弃绝它，人民反而得到百倍的益处；仁和义束缚天性，所以弃绝它，人民反而能恢复孝慈的天性；机巧和货利能使人产生盗心，所以弃绝了它，盗贼自然就绝迹。这三者都是巧饰的，不足以治理天下，所以要弃绝它们，而使人心有所归属。这便是外在要表现纯真，内在保持质朴，减少私心，降低欲望，断绝各种知识的学习，反倒可以无忧无虑。

精彩点拨

老子认为“圣”“智”容易滋生巧诈，用法制巧诈治国，便成为扰民的“有为”之政。抛弃这种扰民的做法，人民就可以得到切实的利益。由此可见，老子并非真正倡导愚民政策。“下德”的圣人借助法制，提出各种虚伪的道德概念，只有“朝甚除”的人才能享用这种文化造出的物质财富，而且这种文化腐蚀了淳朴的人民，诱使他们对“奇物”产生欲望。这种文化乃是“乱之首”。由上述可以明显地看出，老子斥责统治者的文化。在他看来，这种文化和“大道”是相矛盾的，必须抛弃这种文化，因为它对人民毫无益处。所以，老子提出“见素抱朴，少私寡欲”，对恢复人的自然本性具有一定意义。也就是说，如果将聪明才智用于为百姓服务，用于积善养德，那无疑是好的，是应该大力提倡的；可一旦用到损人利己的事情上去，那将是十分可怕的，还不如没有智慧，因而老子主张抛弃这种聪明智巧。你怎么看待老子的这一观点呢？

古为今用

老子所生活的时代，诸侯纷争，战乱四起，所有战争无不是打着维护礼义、为天下的旗帜；所有统治者无一不以圣贤自居；而那些纵横游说的政治家、思想家们也无一不是世人心中的“智者”，他们用给诸侯带来“利”的学说而挑拨战争，求取功名。在老子眼中，这正是战火频仍、民不聊生的根源。所以老子从他所观察到的时代出发，认为这些“圣智”“仁义”“巧利”才是“大道”废的祸根。人们与其有这些“仁义”“巧智”还不如没有，还不如归复于那种理想中的无知无欲、无争无斗的状态。在现实社会中，我们只能说老庄等人都是理想主义者。我们在看到他们这种美好理想的同时，也应看到其局限性，一方面学习老子放弃小聪明、小利益，遵循“大道”的理念；另一方面也应看到其过于理想化的缺点：完全放弃巧智、利益的人根本无法在这个世界上立足。你觉得呢？

第二十章（修身）

精彩导读

美丑、贵贱都是相对而言的，它们随着环境的变化而变化。与其像俗人那样追逐世间的美与贵，追求智慧和利益，倒不如依道而行，做个“愚人”，以安心性。本章是老子的思想独白，也是老子思想的精华所在，堪称本书的灵魂。同时，本章在文字风格上也与其他章节有所不同，老子以诗一般的语言对甘守无为的道理进行了深刻剖析。下面让我们走进《老子》第二十章去获取他的智慧吧！

原文

绝学无忧，唯之与阿①，相去几何②？美之与恶，相去若何？人之所畏③，不可不畏。荒兮其未央④哉！众人熙熙，如享太牢，如春登台。我独泊兮其未兆，如婴儿之未孩，儽儽兮若无所归！众人皆有余，而我独若遗。我愚人⑤之心也哉，沌沌兮！俗人昭昭，我独昏昏，俗人察察⑥，我独闷闷。澹兮其若海；飂兮若无止。众人皆有以，而我独顽似鄙。我独异于人，而贵食母⑦。

注释

①唯：恭敬地答应，就是晚辈回答长辈的声音。阿：怠慢地答应，这是长辈回答晚辈的声音。

②相去：相差，差距，距离。几何：指多少。

③畏：惧怕、畏惧。

④未央：未尽、未完。

⑤愚人：淳朴、直率的状态。

⑥察察：精明灵巧的样子。

⑦贵食母：以守道为贵。母，用以比喻“道”，“道”是生育天地万物之母。

译文

恭敬地应声“是”和愤怒地应声“哼”究竟相差有多少？世人所说的“善”和大家公认的“恶”究竟相差在哪里？这没有一定的准则，我也不能独断专行，显露锋芒，遭人嫉妒。应该存着别人害怕，我也害怕的心理。因为宇宙的道理本是广大无边的，很难完全显示给别人知道。我的存心和世人大不相同。比方说，世人快快乐乐的样子好像参加丰盛的筵席，又像在春天登台远眺，唯独我淡泊名利，就像不知嬉笑的婴孩，又好像无家可归的游子。众人自得自满，似乎有用不尽的才智和能力，唯有我好像匮乏不足的样子。我真是愚人的心肠啊，是那样混沌！世人都光耀自炫，唯独我昏昏昧昧的样子；世人都清楚精明，唯独我无所识别的样子。我恬淡宁静，好像大海一样寂寥广阔，我无系无絷，好像大风一样没有目的，没有归宿。世人好像皆有所用，皆有所为，唯独我愚钝而且鄙陋。世人都竞逐浮华，崇尚文饰，唯有我与众不同，见素抱朴。为什么我会这样呢？实在是因为我太看重内心的生活，抱住人生的本源，一心以得道为贵啊！我独自一人与众人相异，我是以遵守“道”为贵的，因为它是万物的根本。

精彩点拨

在本章开篇，老子就提出疑问：“唯之与阿，相去几何？”唯是唯诺顺从的意思；阿是呵斥，引申为反对的意思。整句话的意思是：顺从和反对有多大的距离呢？“善之与恶，相去若何？”意思是：善良和邪恶能有多大的距离呢？仅在一念之间罢了。在常人看来，美和丑是对立的概念，人们普遍偏爱美好的事物，而讨厌丑恶的事物。受这种想法的驱使，人们往往会不惜一切代价去追求美好的事物，当追求得到满足时，就欣喜若狂，而一旦无法实现自己的愿望，就沮丧郁闷。得道之人则不同，他们心目中无美和丑的区别，一切顺应自然，决不刻意追求什么，也就无所谓得和失，也就不会有痛苦和烦恼了。如果一个人整日闷闷不乐，这不但是一种最残酷的自我折磨，而且会影响别人的心情。带着忧愁和烦恼生活的人，其人生的幸福感也必将大打折扣。试想一下，这样的人还有什么乐趣可言呢？你的身边有这样的人吗？你怎么看待这种人呢？

古为今用

在老子看来，自己是孤独的，是与众不同的。世人熙熙攘攘，追逐不休，而自己却淡然无为。和那些聪辩精明的人相比，自己似乎只是一个愚昧而笨拙的无用之人。别人都光辉自耀，而自己却迷迷糊糊，不知归于何处、止于何处。最后，老子发出感叹：“我独顽似鄙。”但这并非是一种自我的贬低，最后的“我独异于人，而贵食母”指出，老子安于这些，这都是“道”。文本开始那些看似是自我贬低的话恰恰是对自己沉醉于“道”的赞赏，老子对那些世俗之人的精明强干，汲汲于功名富贵是十分鄙视的，其实他们才是“顽且愚”的。老子认为，世俗的价值观极为混淆，智慧、仁义、利益导致本来心思纯洁的人为了这些而丧失了本性，却全然不察。他们熙熙攘攘，纵情于声色货利，而老子自己则甘愿清贫淡泊，并且显示出自己与众人的疏离和相异之处，其实这同屈原发出“众人皆醉我独醒”的呐喊是一样的。老子在对世俗价值观进行揭露，对自己的人生态度进行表达的时候，同时也告诉了人们一个道理：众人追逐的不一定是对的，众人推崇的不一定是好的。你认同吗？

第二十一章（论道）

精彩导读

“道”是由极其微细的物质所组成的。虽然“道”恍惚缥缈，却是真实存在的，而且是万物的本源。世间最大的“德”，也是遵循着“道”的。通过“道”，人们可以知道世界的初始。在这一章里，老子阐述了“道”和“德”的关系，认为“德”是博大和无所不包的，也是由“道”衍生而成的，受“道”的支配，即“惟道是从”。老子所说的“道”，既有虚无的一面，也有现实的一面。“道”虚无缥缈，却可以被人们隐隐约约地感觉到，这是因为“其中有象”“其中有物”“其中有精”“其中有信”。因此，道无所不在。下面让我们一起来吸取《老子》第二十一章的精华吧！

原文

孔德之容①，惟道是从②。道之为物③，惟恍惟惚。惚兮恍兮，其中有象④；恍兮惚兮，其中有物；窈兮冥兮，其中有精⑤，其精甚真，其中有信，自今及古，其名不去⑥，以阅众甫⑦。吾何以知众甫之状哉？以此。

注释

①孔：甚，大。德：“道”的显现和作用为“德”。容：运作、形态。

②从：顺从。

③物：指道作为一般存在物而言。

④象：形象、具体之象。

⑤精：最微小的原质，极细微的物质性的实体。

⑥去：消除，离开。

⑦阅：观察，审视。甫：开始，起初。

译文

大德之人，他的一切言谈举止都随着“道”而转移。“道”是什么样子呢？“道”这样东西是恍恍惚惚的，说无又有，说实又虚，既看不清，又摸不到。可是，在这恍惚之中，它又具备宇宙的形象；在这恍惚之中，它又涵盖了天地万物。它是那么深远而幽微，可是其中却具有一切生命物质的原理与原质。这原理与原质是非常真实可信的。从古至今，“道”一直存在，它的名字永远不能消去，依据它才能认识万物的本始，因它一直在从事创造万物的活动，我就是从“道”才认识万事万物的本来面目的。

精彩点拨

老子以“孔德之容，惟道是从”统领全篇。归纳起来，“孔”字的常意就是广大、非常、通达、博大。“容”指的是包容，这个字的上面是个宝盖头，象征一个房屋，下面是个“谷”字，也就是空虚的山坳。心胸包容天地，就连坏人也能容得下，那么这个人就是有德行的人。另外，这个“容”还有一层意思，就是形容人的容貌。当我们的内心充满德行时，就会表现出神采奕奕的表情，而不是愤怒或消极的神色。你能达到这种境界吗？

古为今用

“孔德之容，惟道是从”，“德”是由“道”衍生而出的。只有符合“道”的“德”，才能称为“德”，只有符合“道”的行为，才能称为“有德”。可惜很多人不明白这个道理，教条地成为错误的守卫者、牺牲者，至死都以为自己是有德的。世界就是这样的，它有自己的规律，即“道”，很多人却不能认识到这一点，他们从“仁义礼智”出发，总是想根据自己的意志创造一个所谓的圣人之国，但结果往往事与愿违，反而给世界和自己造成了伤害。所以说，“德”一定要先符合“道”，即自然规律，才能施行，不知“道”，一味地讲“德”，就会变成乱德、害德。你能列举出这方面的案例吗？

第二十二章（修身）

精彩导读

在本章中，老子论述的重点在于不争。在老子看来，不争符合“道”的本质。因为炫耀、贪婪、争强好胜之人违反了“道”，所以注定会落得不幸的下场。老子用六句话“曲则全，枉则直，洼则盈，敝则新，少则得，多则惑”来表达以退为进、不争而争的处世方式。老子认为一味求强、求盈，只会导致失败。下面让我们一起来悦享《老子》第二十二章吧！

原文

曲则全，枉①则直，洼则盈，敝②则新，少则得，多则惑③。是以圣人抱一为天下式。不自见④，故明；不自是，故彰；不自伐⑤，故有功；不自矜，故长。夫唯不争，故天下莫能与之争。古之所谓“曲则全”者，岂虚言哉！诚全而归之。

注释

①枉：屈、弯曲。

②敝：凋敝。

③惑：迷失，落空。

④见：同“现”。

⑤伐：夸。

译文

委屈反而可以保全，弯曲反而能够伸直，低下反而可以充盈得益，破旧反而可以迎新，少取反而可以多得，若是贪多，反而弄得迷惑。所以圣人紧守着“道”。不自我表扬，反而显得突出；不自以为是，反而能够彰显；不自己夸耀，反而能够见功；不自我矜持，反而能够长久。这都是不和人争反而能显现自己的结果。正因为不与人争，所以全天下没有人能和他争，这样反而成全了他的伟大。古人所说的“曲就是全”等语难道还会虚假？能够诚心实行这些，全天下亦会归向他了。

精彩点拨

老子在开篇说道：“曲则全，枉则直，洼则盈，敝则新，少则得，多则惑。”尽管这六个短语分别指代六种完全不同的事物，但它们反映了一个共同的道理，那就是委曲求全。对于人类而言，这是一种谦逊的生活态度。对于除了人以外的诸多生物而言，委曲求全实能保全性命，以免受外来的伤害，在一定程度上可以将委曲求全界定为一种寻求自保的大智慧。“木秀于林，风必摧之”和“塞翁失马，焉知非福”反映了任何事物都存在对立统一的两个方面，本章则再次反映了老子的辩证思想，老子用“曲与全，枉与直，洼与盈，敝与新，少与得，多与惑”来阐述“道”顺其自然的理论。如“洼与盈”，“洼”就如同一只空杯，“盈”就如盛满水的杯子，只有空杯子才能容纳更多的水。可普通人看问题却很片面，要么看不到深层内容，要么看不到相反的一面。可是圣人却能遵循和运用“道”，全面而深刻地认识事物的本质。你愿意成为这样的“圣人“吗？

古为今用

我们经常用腊梅的孤傲和柳树的温顺来形容完全不同的处世风格，腊梅不畏惧严寒，傲然挺立，任凭外界冰霜的狂虐而悄然争艳。而柳树则不同，它随风舞动，姿态妩媚。腊梅和柳树迥异的“个性”必然造就了两种完全不同的命运：正因为腊梅坚挺，所以稍微碰到它，它的花瓣就会脱落；而柳树左右摇摆，即使碰到它，也不会受损，反而得到了“杨柳依依”的美名。老子的委曲求全之道在为人处世上能释放出巨大能量。他告诉我们：如果做人过于清高，必然招人嫉妒打击；为人过于强势霸道，必然树敌过多而不能长久；待人过于严苛，必然被人孤立。而保持低调，委曲求全，不但能够避害，还能趋利。这才是高明者的选择。有点成绩就沾沾自喜，恨不得让天下人都知道，也许刚开始别人还能容忍，可是炫耀的次数多了，就会招致别人的厌倦，不但无法得到别人的认同和称赞，反而会招来讽刺和挖苦，这样就得不偿失了。低调做人，你认同吗？

第二十三章（治国）

精彩导读

在本章中，老子从“少说话合乎自然”这一论点出发，提出了一个重要思想，即一个人的内心修养、行为方式与他的外在境遇是相应的，他对自然之道领悟到什么程度，自然之道就会给他什么程度的回报。这是因为只有“道”是唯一的自然者，整个世界都是“道”的自然。所以，合于“道”的人，就会得到“道”的回报；不合于“道”的人，则不会得到“道”的回报。骤雨不能久，飘风不能长，“希言”“无为”乃自然之道。统治者治理百姓要合乎“道”，合乎“德”。反之就会使政令繁杂，导致威信丧失。下面我们一起来学习《老子》第二十三章吧！

原文

希言①自然。故飘风②不终朝，骤雨③不终日。孰为此者？天地。天地尚不能久，而况于人乎？故从事于道者④，道者同于道；德者同于德；失者同于失⑤；同于道者，道亦乐得之；同于德者，德亦乐得之。同于失者，失亦乐得之。信不足焉，有不信焉。

注释

①希言：少说话。此处指统治者少施加政令、不扰民的意思。

②飘风：大风、强风。

③骤雨：大雨、暴雨。

④从事于道者：按道办事的人。此处指统治者按道施政。

⑤失：指失道或失德。

译文

少发号施令，才能合于自然的道体。所以狂风刮不了一早晨，暴雨下不了一整天。兴起风雨的天地尚且不能持久，何况渺小的人类呢？所以从事于“道”的就同于“道”；从事于“德”的就同于“德”；表现于不道不德的，行为就是暴戾恣肆。因此，得到“道”的，“道”也乐于得到他；得到“德”的，“德”也乐于得到他；同样失道失德的，就会得到失道失德的结果。为人诚信不足，人们自然不会信任他。

精彩点拨

“希言自然。”“希言”即平常较少用的名言。“自然”一词是哲学的名词，可以解释为“原来如此”。“故飘风不终朝，暴雨不终日。”“飘风”即飓风，又称台风。虽然飘风可怕，但它不会整日不停地吹。骤雨指的是夏热季节的大雷雨，一两个小时就过去了。“孰为此者？天地。天地尚不能久，而况于人乎？”“天地”指的是整个世界。“不能久”与前面的“不终朝”“不终日”相联系，意指不能漫无边际、持续不断。“故从事于道者，道者同于道；德者同于德；失者同于失。”“同”意为契合一致，融为一体。“同于道者，道亦乐得之；同于德者，德亦乐得之；同于失者，失亦乐得之。”“得”，获得，接纳，这里可以理解为“同在”。不管是修道，还是行道，你得到了应该得到的东西，也一定会失去应该失去的东西。你有过这样的体验吗？

古为今用

“飘风不终朝，骤雨不终日”，这个比喻极其生动。它告诫统治者要遵循“道”的原则，这才符合自然规律，实施暴政以维护统治是长久不了的，如果统治者恣肆横行、一意妄为，那么人民就会抗拒他。冗政的结果就是统治者诚信不足，老百姓就不会信任他。古今中外，每个朝代的灭亡无不因为统治者不知治民之道，致使百姓对其背弃、不信任。同时从字面上理解，“希言自然”，用到修身上也颇有参考价值。古人所说的“多言多失”“口为祸之门”“结怨多在言语中”等都说明了“慎言”这个道理。老子在前面说：“多言数穷，不如守中。”《论语》中有君子“敏于事而慎于言”“君子贵讷于言而敏于行”“巧令色，鲜仁矣”，等等。随着社会的发展，虽然人们提倡要善于表达，但这并不代表要喋喋不休。一个人应该知道什么时候应该说话，什么时候应该保持沉默。你学会了吗？

第二十四章（修身）

精彩导读

这一章主要讲"自然"的道理。自然是顺道而行，不自己妄为。自己妄为不仅多余，而且会起反面效果，这里具体阐述的问题仍然是有关社会政治及其得失的内容，同时还包含着辩证法的观点，即"企者不立""跨者不行""自见者不明""自是者不彰""自伐者无功""自矜者不长"等篇中所揭示的表现及其结果往往是对立的，这正是老子思想的精华所在。"自见""自是""自伐""自矜"都是轻浮、急躁的举动，都是有道者所"不处"的。急躁冒进、自我炫耀的行为都会导致失败，不符合自然规律的政策也同样不会取得相应的成果，老子告诫人们，为人应谦恭谨慎，为政应温和柔顺。下面让我们一起来研习《老子》第二十四章吧！

原文

企①者不立，跨②者不行。自见者不明，自是者不彰。自伐者无功，自矜者不长。其在道也，曰：余食赘形③。物或恶之，故有道者不处。

注释

①企：意为抬起脚跟，脚尖着地。

②跨：跃、越过，阔步而行。

③赘形：多余的形体，因饱食而使身上长出多余的肉。

译文

凡踮起脚尖想要出人头地的，反而站立不稳；凡跨着大步想要走得快的，反而走不了多远；自己好表现的，反而不能显达；自以为是的，反而不能昭著；自我炫耀的，反而不能见功；自我表现矜持的，反而不能长久。从“道”的观点来看，这些急躁的行为简直是多余无用的东西，连物类都讨厌，何况万物之灵？所以有道的人决不如此炫夸争胜。

精彩点拨

在本章中，老子列举出了几种不懂“道”的突出表现。在这里，老子用了拟人的手法，他说，对于不懂“道”的行为，“物”是不会喜欢的。这是因为物一直都是遵循着“道”的规律运行，因此根本不会出现不依循“道”的规律运行的物。凡是明白、理解“道”的，绝对不会去做违反“道”的事情。“企者不立，跨者不行。”用脚尖是难以站立起来的，这是由人的身体结构所决定的。人类在直立时，身体的全部重力都落到了两只脚上，所以脚长得厚实、宽阔，以支撑沉重的身躯。这种平衡一旦被打破了，那么全身的重力都会落在脚尖上，而脚尖窄小、瘦弱，无力承担全身的重力。如果人们用脚尖直立身躯，必然会违背自然规律，这就不符合“道德”的行为。同理，“跨”是三步并作两步走的意思，也就是一条腿抬起来还没等落下，就要走第二步，这种走法也是违背自然规律的，怎么可能实现呢？跨是为了加快速度，但是，跨的结果往往适得其反，因为这么一跨就走不了路了。你同意这些观点吗？

古为今用

“自见”“自是”“自伐”“自矜”，这些都是人类的通病。老子在这里再三说明，一个人有了“自见”“自是”“自伐”“自矜”的心病，一定要及时反省，反省后要自我改正。但是，从道理法则上讲，这些心理支配下的行为却是“余食赘行”。“余食”指的是多余的。“赘”就是瘤子。我们身体的任何部位长出一个瘤子都是多余的。“物或恶之”，任何一样东西都有自然的定型，变体都是不正常的，即使是植物，长出来一个多余的附件，不但会给自己增加负担，而且会令人讨厌。植物尚且如此，何况我们人类呢？所以，有道之士自处的时候绝不会“自见”“自是”“自伐”“自矜“，这样才算合乎道行。由上可知，做人不可过于虚荣、张扬和妄自尊大。在现实社会中，人们怎样才能做到身处闹市而抛却浮华，做一个合于道德的人呢？谈谈你的看法吧！

第二十五章（论道）

精彩导读

这一章讲“道”是天下万物的母亲。世界上有四种东西最大，即王、地、天、“道”。王是人的代表。人、地、天三者都受到上一级法则的制约，而“道”本身就是自然的。“道法自然”并不是说“道”之外还有个“自然”，而是说“道”的活动以自我满足、独立自在为法则。关于“道”的性质和规律，在前面章节中已经提过，在这里，老子再次提及，主要是为了说明它“可以为天地母”和“人法地，地法天，天法道，道法自然”的原则，指出人依道而行的根源之所在。下面让我们一起来汲取《老子》第二十五章的智慧吧！

原文

有物混成①，先天地生。寂兮寥兮②，独立而不改③，周行而不殆④，可以为天下母⑤。吾不知其名，强字之曰道，强为之名曰大⑥。大曰逝，逝曰远，远曰反。故道大，天大，地大，王亦大。域中有四大，而王居其一焉。人法地，地法天，天法道，道法自然⑦。

注释

①物：指“道”。混成：混然而成，指浑朴的状态。

②寂兮寥兮：没有声音，没有形体。

③独立而不改：独立，没有对待。

④周行：循环运行，指大自然的循环运动。不殆：不息之意。

⑤天地母：天地万物由“道”而产生，故称“母”。

⑥大：形容“道”是无边无际的、力量无穷的。

⑦道法自然：“道”指纯任自然。

译文

在天地出现以前，就有一个东西浑然天成。它无形、无声，既看不见，又听不到、摸不着。它不生不灭，独立长存，永不改变；周行天下，不觉倦怠，而无所不在。世上一切的事物莫不靠它才能生生不息，它可以说是万物的母亲了。这样玄妙的东西，我实在不知道它的名字是什么，不得已，只好叫它作“道”。如果要勉强给它起个名字的话，也只能称它为“大”。大到没有极限，便不会停止；没有停止，才称得起远；虽然远，却仍能自远而返。所以说，“道”是最大的；其次是天；再则是地；次则为王。宇宙中的四大，王也是其中之一。但这四者显然是各有范围，各有差别。人为地所承载，所以人当效法地；地为天所覆盖，所以地当效法天；天为道所包涵，所以天当效法“道”；“道”以自然为归，所以“道”当效法自然。

精彩点拨

“有物混成，先天地生。”这里的“物”是“道”的同义字，这个“道”的内涵，包括了物质与非物质，是“心物一元”混合而成的。那么，“有物混成，先天地生”究竟是怎样一种情况呢？老子形容说：“寂兮寥兮！独立而不改，周行而不殆，可以为天下母。”“寂”是绝对的清虚、清静到极点，毫无一点声色形象。“寥”是形容广大。“独立而不改”意为超脱于一切外有之物，悄然自立，不动声色，不因现象界的物理变化而变化，不因物理世界的生灭而生灭。“周行而不殆”指的是它无所不在，处处都有道。不论物也好，心也罢，都有它的存在，永远无穷无尽。“可以为天下母”，这个东西是一切宇宙万物的根本，所以才说“道”是“天下母”。

古为今用

人类是大自然的一部分，不可能脱离大自然而存在，作为这一部分，人类必须学会遵循大自然中的规律，能“法天、法地、法道”。然而，人类又和其他物种不同，我们是万物之灵，从钻木取火、刀耕火种开始，人类就在不断地改造着自然、挑战着身边的环境。在现代社会，科学技术已经成为改造自然最有力的武器。通过这些，人们能培育出更优秀的粮食作物，发现更加有效的能源，甚至通过基因技术改变生命的原始形态。然而，随着自然环境的污染、石化能源的逐渐枯竭、新传染病的不断出现、对转基因食物的恐惧……有些人开始怀疑，对自然的“征服”是否正确，它会将人类带往何处？马克思曾引用比·特雷莫《人类和其他生物的起源和变异》中的话：“不以伟大的自然规律为依据的人类计划，只会带来灾难。”现代的很多影视作品如《侏罗纪公园》《猿猴星球》《生化危机》等更是通过精彩的演绎表明了这种科技改造自然的忧虑。就目前肆虐全球的新冠肺炎疫情，再联系《老子》本篇内容，你有什么想法或建议呢？

第二十六章（修身）

精彩导读

本章讲了道家的一个重要观点，即修身是一切的根本，它比优越的物质条件乃至天下国家都重要。帝王以身轻，恣情纵欲，不爱惜自己的生命，这就是失去了根本。在轻与重、动与静这两对统一对立的矛盾现象中，重是根本，轻是其次，只重视轻而忽略重，就会失去根本；静是根本，动是其次，只重视动而轻视静，就会失去根本。尤其是作为万乘大国的君主，必须守重持静，不可轻佻躁动。 老子从治身之道过渡到治国之道，谨慎地分析了重与轻、静与躁的关系，阐明了治国者应该以民为国家之根，以德为治国之本的道理。下面让我们一起来阅读《老子》第二十六章。

原文

重为轻根，静为躁君①。是以君子终日行不离辎重。虽有荣观②，燕处超然。奈何万乘③之主，而以身轻天下④？轻则失本，躁则失君⑤。

注释

①躁：动。君：主宰。

②荣观：贵族游玩的地方。指华丽的生活。

③奈何：如何。万乘：指拥有兵车万辆的大国。

④以身轻天下：以自身轻率治理于天下。

⑤失君：失去主宰的地位，即丧失君权。

译文

稳重为轻浮的根本，清静为躁动的主宰。所以圣人的行动总是持重守静；虽有华丽的生活吸引，也是处之泰然，超脱于物外。一个万乘之国的君主怎么可以轻浮躁动来治理天下呢？因为他们不能以重卸轻，以静制动的缘故啊！要知道，轻浮便失去根本，躁动就失去主宰的地位。

精彩点拨

“重为轻根，静为躁君。”“君”与“根”相对，意为主宰者。在本篇的开头部分，老子举出了两对矛盾的现象，即轻与重、动与静。老子得出一个重要结论：矛盾是普遍存在的，任何事物都不是孤立存在的，而是相互依存、相互制约的。在分析重与轻的关系时，老子认为，重是轻的根本，轻是由重所决定的，如果只注重轻而忽视重，就会失去根本。正是因为有了重，轻才得以存在和维系。轻浮和躁动不安均是人格缺陷所映射出来的不良行为举止，这种举止是人们成功的大敌，是人们不顺应自然大道而降下的祸患，必然会受到上天的惩罚。

古为今用

在当今社会，人们的物质生活比较丰富，我们应当怎样对待物质财富呢？是坦然享受，还是依旧过节俭的生活？其实，老子的观点已经清清楚楚地告诉了我们答案。老子主张顺应自然，由于物质是人创造的，它生不带来，死不带去，如果人们过分节俭，一味拒绝富足充裕的生活，日子未免过得单调乏味，所以，适当地追求物质享受是理所应当的。但是，有一点需要特别注意，那就是人活在世界上，要锻炼自己创造价值的能力，如果只追求享受而不去劳动，就不合乎大道，这些行为一定要摒弃，否则就会埋下祸根。

第二十七章（治国）

精彩导读

这一章旨在讲一个“善”字，即完美。真正的善就是顺道而行。因此对有道之人来说，天下没有可弃之物，也没有无用之人。在本章中，老子提出了“五善”，即善行、善言、善数、善闭、善结，这五善都是合乎大道的，人们只有达到上面所说的五善的境界，才能像庖丁解牛那样行动自如。下面让我们一起来品读《老子》第二十七章吧。

原文

善行无辙迹①，善言无瑕谪②，善数③不用筹策，善闭无关楗而不可开，善结④无绳约而不可解。是以圣人常善救人，故无弃人；常善救物，故无弃物。是谓袭明⑤。故善人者，不善人之师；不善人者，善人之资⑥。不贵其师，不爱其资，虽智大迷，是谓要妙⑦。

注释

①辙迹：轨迹，行车时车轮留下的痕迹。

②瑕谪：过失、缺点、疵病。

③数：计算。

④绳约：绳索。

⑤袭明：因袭常道。

⑥资：取资、借鉴的意思。

⑦要妙：精要玄妙，深远奥妙。

译文

善于处事的人顺自然而行而不留一点痕迹；善于说话的人能够沉默寡言而一点也不

会过火；善于计算的人应世接物，“无心”“无智”，所以不用筹策；善于笼络群众的人推诚相与，纵使不用门户拘限，群众也不会背离；善于结纳人心的人，纵使不用绳索来捆缚，别人也不会离去。因此，体道的圣人善于使人尽其才，没有废弃的人；善于使物尽其用，没有废弃的物。这就叫作因袭常道。因此，善人可以做不善人的老师，不善人可以做善人的一面镜子。不尊重他的老师，不珍惜他的这面镜子，虽然自以为聪明，其实是大糊涂。这个道理真是精微玄奥之至，只有懂得“袭明”的人，才能知道。

精彩点拨

“故善人者，不善人之师；不善人者，善人之资。”这里的“善人”与“不善人”指的不是善良的人和不善良的人。“善人”即能够认识“大道”并能遵循“大道”行事的人；“不善人”即不能顺从“大道”行事的人，一善者为师，恶者为资，一律加以善待。特别是对于不善的人，并不因其不善而鄙弃他，一方面要劝勉他，诱导他，即老子所说的“救”；另一方面，也为他成为善人提供借鉴。救是一种理性的活动，从根本上说，指的就是探索追求事物的本性并使之展露出来。而本性就是道行，就是道德。对于那些丧失了人的本性的人来说，探索追求自己的本性就是拯救自己。你认为有道理吗？

古为今用

老子所说的“五善”：第一种是善行。善于行动的人绝不会留下任何对自己不利的迹象，这类人擅长把自己的行迹掩盖起来，以达到自己行动的目的。第二种是善言。善言是指说话时都能说到点子上且不被人抓住把柄的人。第三种是善数。善于心算，不需要借助任何计算工具就能准确无误地把结果计算出来。第四种是善闭。不需要利用锁和闩的“封闭”，并不是平常所说的封闭自己不求更新的意思，而是为了避免同类残害而采取的一种手段。第五种是善结。不用绳索就能把人牢固地捆绑起来的人。在这里，老子并不是单纯地阐发“善结”，而是用了比喻的手法，以善结借指对事物的掌控能力。

以上所举的“五善”正是老子高深智慧的具体反映，也是老子对自然无为思想的引申。你具备几种呢？

第二十八章（修身）

精彩导读

本章强调保持常德，一方面要“知其雄”“知其白”“知其荣”；另一方面也应“守其雌”“守其黑”“守其辱”。即既要有积极前进的一面，也要有谦虚不争的一面。只有这样，才能归于纯朴，利用万物。正确的制度也是自然而成、不可分割的。“道”的自然法则是两极相生，物极必反。有道者深明此理，所以自愿处在世俗认为不好的一面。这样就消除掉了因处在“好”的一面产生的负面作用，使自己始终保持合于“道”的完整状态，即“婴儿”“无极”“纯朴”的状态。下面让我们一起来领悟《老子》第二十八章的智慧吧！

原文

知其雄①，守其雌②，为天下谿③。为天下谿，常德不离，复归于婴儿。知其白，守其黑，为天下式④。为天下式，常德不忒，复归于无极⑤。知其荣，守其辱⑥，为天下谷。为天下谷，常德乃足，复归于朴。朴散则为器，圣人用之，则为官长⑦，故大制不割。

注释

①雄：比喻刚劲、躁动、强大。

②雌：比喻柔静、软弱、谦下。

③溪：沟溪，水所归往。

④式：楷模、范式。

⑤无极：无穷。

⑥辱：侮辱、羞辱。比喻卑下。

⑦官长：百官的官长，领导者、管理者，谓人君也。

译文

知道雄的道理，却不与人争雄，反而甘心守雌的原则犹如天下的溪壑必然众流归注，得到天下人的归服。既然能得天下人的归服，那么他所承受的“道”自然也不会离散。不但如此，他更能回返原有的赤子之心，以达纯真的境界。知道光明的一面，却不与人争光明，而甘居黑暗，才能为天下做榜样。既然能为天下人的典范，德行自无错失。不但如此，他更可归于无极，而回归道体。知道光荣的一面，却不与人争光荣，而甘居耻辱，才可得天下人的归服。能使天下人归服，德行才算充足。不但如此，他更返璞归真，与道体合而为一。真朴的“道”可以化为万事万物，有道的圣人仍能以浑朴的原则来设官分制，做到“无为而治”。所以说，善治国家的人不割裂事理，仅使万物各遂其性而已。

精彩点拨

“知其雄，守其雌，为天下溪。为天下溪，常德不离，复归于婴儿。”“雄”即刚强，“雌”即柔弱，“复归于婴儿”，即恢复到婴儿般纯真无邪的状态。老子认为，刚强是有为的表现形式，是不合于“道”的；而柔弱是无为的表现形式，是合于“道”的。“知其白，守其黑，为天下式。”“式”意为范式。世界的范式指的是世界的本体，也就是“道”。在老子看来，只有深知什么是明亮，而又能安于暗昧，才能成为天下的范式。“为天下式，常德不忒，复归于无极。”“无极”意为无边无际、无始无终。成为天下的范式，永恒的“德”就不会出差错，永恒的“德”不出差错，就会恢复到宇宙的初始状态。

古为今用

“知其荣，守其辱，为天下谷。”既向往荣耀，也能坚守耻辱，这样的人才会胸襟广博，成就大事。韩信年轻时就怀有雄心壮志，但周围的人都认为他不学无术，于是经常轻视欺辱他。一次，有一个屠夫对韩信说：“你敢用你的佩剑来刺我吗？如果不敢，就从我的裤裆下钻过去。”韩信当着许多人的面，从那个屠夫的裤裆下钻了过去。如果韩信因怒而杀了屠夫，当时就变成了囚犯，也不可能取得后来的“荣”了。所以说，人的情商、逆商很重要，它们甚至比智商更能决定一个人的成败和所能取得的成就。只有在逆境中保持积极向上的心态，做到宠辱不惊，不被失望和沮丧打败的人，才能守住辱而求得荣，否则只能被耻辱永远湮没。我们可以汲取古人的智慧哦！

第二十九章（治国）

精彩导读

这一章重点说的是无为的道理。无为即按照“道”的法则去行事。不能做到无为，就会招致失败。因为圣人懂得这个道理，所以凡事不过分，一切随顺自然。在这里，老子以治身之道印证治国之道，以无道统治烘托圣人之治。因为统治者无“道”，所以会做出甚、奢、泰的不道行为；圣人明“道”，所以会去甚、去奢、去泰。老子认为天下是“不可为、不可执”的。如果依靠强制措施来治理天下、执掌天下，只能招致失败，最终失去天下。天地间万物是纷呈不一的，它们依照着“道”而进行运作，圣人要做的不是通过自己的意志去改变它们，而是要消除那些限制它们的极端、过度的措施和行为。让我们进入《老子》第二十九章透彻了解这一道理吧！

原文

将欲取天下而为之①，吾见其不得已②。天下神器③，不可为也，不可执④也。为者败之，执者失之。是以圣人无为，故无败，故无失。夫物或行或随⑤，或觑或吹，或强或羸，或载或隳。是以圣人去甚、去奢、去泰⑥。

注释

①取：为、治理。为：指有为，靠强力去做。

②不得已：无可奈何，没有办法。

③神器：神妙的器物。

④执：掌握、执掌。

⑤物：指人，也指一切事物。随：跟随、顺从。

⑥甚：过分安乐。奢：过分享受。指挥霍浪费。泰：过分行事。指骄纵奢极。

译文

要治理天下而又行有为之政，我看他不可能达到目的。天下本是一种神圣的东西，不能出于强力，不能加以把持。出于强力的，必会失败；想要加以把持的，终必失去。所以世人秉性不一，有前行（积极）的，有后随（消极）的；有的气缓，有的气急；有的刚强，有的羸弱；有的安宁，有的危怠。人如何能有所作为？因此，证道的圣人有见于此，凡事都循人情，依物势，以自然无为而治，除去一切极端的、过分的、奢侈的东西。

精彩点拨

“将欲取天下而为之，吾见其不得已。”这句话是说，要治理天下而又不采用无为而治的治国方略，我看他根本达不到目的。“天下神器，不可为也，不可执也。为者败之，执者失之。”这句话的意思是，天下是大自然神奇造化之物，我们不要凭着主观意志去强行改变它。“物或行或随，或欺或吹，或强或羸，或载或隳。”这句话是说，世间的事物，有的前行，有的后随；有的气缓，有的气急；有的强壮，有的羸弱；有的受益，有的失落。“是以圣人去甚，去奢，去泰。”这里指的是过分严厉的措施。老子反复强调统治者应顺其自然，确保每个人按照自己的特性去生存和发展，以安定人心。只有人心安定了，才能得到万民之心，然后才能得到天下。

古为今用

世人往往将天下看作最重要的东西，认为得到天下就什么都有了，成为天下之主就可以为所欲为，满足自己的任何欲望了。其实，在古代圣王和老子等先哲眼中，这种观点是十分错误的，在他们看来，成为天下之主并不代表着特权、享乐，而是一种沉重的责任。唐尧之时，尧帝发现许由十分贤能，于是便想将帝位让给许由，许由听后立刻拒绝了，并逃到箕山之中隐居起来，表示不愿为官以投入到世俗之中。尧帝晚年，得到了虞舜，经过各种考验，觉得虞舜是个可以托付天下的人，便准备将天下授予他。有的大臣劝他立自己的儿子丹朱，尧却说丹朱不肖，不可予之天下，最终将天下授予了虞舜。古代圣贤知人善任，真值得我们好好借鉴，你觉得呢？

第三十章（议兵）

精彩导读

在春秋战国之时，天下纷争，战事频起。老子认为有道之君不会肆起战事以求功名利禄，也不会通过战事而称雄称霸，逞强于天下。战事是不得已为了度过灾难，达到目的才会使用的。一味穷兵黩武，最后只会给国家带来破坏，给百姓带来灾难。老子反对战争、反对强力的思想，无论在当时，还是后世，都具有积极的意义。这一章的核心思想是“勿强”二字，前半部分讲有道之人辅佐君主，不凭借强大的武力来征服天下，因为战争不论胜负，都会带来灾难性的后果。后半部分讲真正完美的方式像树上结出果实一样，是自然生长出来的，而不是强求出来的。下面让我们一起来欣赏《老子》第三十章。

原文

以道佐人主者，不以兵强天下。其事好还①。师之所处，荆棘生焉。大军之后，必有凶年②。善有果而已③，不敢以取强④。果而勿矜，果而勿伐，果而勿骄，果而不得已，果而勿强。物壮则老，是谓不道⑤。不道早已。

注释

①其事好还：用兵这件事一定能得到还报。还，还报、报应。

②凶年：荒年、灾年。

③善：指善用兵的人。果：成功之意。指达到获胜的目的。

④取强：逞强、好胜。

⑤不道：不合乎于“道”。

译文

用“道”辅佐国君的人是不会用兵力逞强于天下的，因为以力服人，人必不服，待有机可乘，还是会遭到报复的。试看军队所到之处，荆棘丛生。每次大战后，不是因尸体腐烂，传染疾病，就是缺乏粮食，造成荒年。因此，善于用兵的，只求达到救济危难的目的就算了，绝不敢用来逞强，只求达到目的，就不会矜持，不会夸耀，不会骄傲；只求达到目的，就知道用兵是出于不得已，就不会逞强，逞强是不会长久的。万事万物，一到强壮盛大的时候，就开始趋于衰败。所以耀武逞强是不合于道的。不合于道，就如飘风骤雨，很快就会消逝。

精彩点拨

“其事好还。师之所处，荆棘生焉。大军之后，必有凶年。”这几句话揭示了逞强带来的恶果：征战之地，荆棘丛生，战争之后，必然会出现大灾荒年。“善有果而已，不敢以取强。果而勿矜，果而勿伐，果而勿骄，果而不得已，果而勿强。”老子认为，用兵之道不是为了发起战争，而是为保家护国，只要能够确保人民的安全和国家的稳定就可以了，不可以逞强于天下。

古为今用

老子所处的春秋时代正是礼乐崩乱、战火纷飞的年代。大的诸侯为了争夺霸主之位而相互攻伐，小的诸侯为了维护社稷也兴兵演武。老子目睹了战争带来的灾害：田生荒草，民无归宿，百姓离乱，兵将战死。于是，他提出“不以兵强天下”的反战口号，强调兵力、战争并不能带来真正的强大，只会导致灾难。战争是在不得已的时候才采用的，那些战胜而自矜、自傲者必将受到惩罚，尝到战争的恶果。《孙子兵法》开篇即说：“兵者，国之大事也，死生之地，存亡之道不可不察也！”其后又说：“不尽知用兵之害者，则不能尽知用兵之利也。”可见即使是对战争理论最了解的人，也认为兵事是关乎国家生死存亡的大事，不可以不慎重对待。然而很多人却认识不到这个道理，妄想通过武力征伐而取得天下，最后只会落得身死国灭的下场，被后世人耻笑。我们要尽最大努力维护世界和平，你觉得呢？

第三十一章（议兵）

精彩导读

这一章讲的仍是战争之道，它是上一章的继续和发挥，由三部分组成：第一部分说明兵器是凶器，有道者不该使用它们；第二部分说明修道之君子，用兵若无仁德，便不能得志于天下；第三部分则强调了用兵的策略和心态，体现了仁慈之德，这是得志于天下的前提条件。在老子看来，兵器是不祥之器，要尽量避免战争。老子把对兵器的看法融入到自己的哲理之中，他认为战争是有悖于“大道”的，为得道之人所深恶痛绝。战争是不得已才运用的手段，和平的解决方式才是最好的。所以，在中国的古礼中，常常以丧礼的方式来对待胜利。下面让我们一起来挖掘《老子》第三十一章的深刻内涵吧！

原文

夫唯兵者①不祥之器，物或恶之②，故有道者不处。君子居则贵左，用兵则贵右。兵者不祥之器，非君子之器，不得已而用之，恬淡③为上。胜而不美，而美之者，是乐杀人。夫乐杀人者，则不可以得志于天下矣。吉事尚左，凶事尚右。偏将军居左，上将军居右，言以丧礼处之。杀人之众，以悲哀莅之，战胜，以丧礼处之。

注释

①夫：发语词。兵者：指兵器。

②物或恶之：人所厌恶、憎恶的东西。物，指人。

③恬淡：安静、沉着。

译文

锐利的兵器是不祥的东西，不但人们讨厌它，就是物类也不喜欢它，有道的人绝不轻易用它。有道的君子，平时以左方为贵，用兵时才以右方为贵。兵器是种不祥的东西，君子心地仁慈，厌恶杀生，那不是君子所使用的东西，万不得已而用它也要心平气和，只求达到目的就算了。即使打了胜仗，也不可得意。得意就是喜欢杀人。喜欢杀人的，天下人都不会归服他，当然，他也就无法治理天下。大家都知道：吉事尚左，凶事尚右。所以用兵时，偏将军责任轻，就居左方，上将军责任重，便居右方。这是说出兵打仗，要以丧礼的仪式安排。所以，有道的君子，人杀多了会悲伤而哭；战胜了，还须以丧礼来对待战死的人。

精彩点拨

“不得已而用之，恬淡为上。胜而不美，而美之者，是乐杀人。夫乐杀人者，则不可得志于天下矣。”老子认为，任何形式的战争都是迫不得已的行为。所以，当人们参与战争时，应当以一种恬淡的心境对待，即使胜利了，也不要妄自尊大，如果妄自尊大，就表明自己是乐于杀人的人。对于所有乐于杀人的人而言，他们只能逞一时之强，绝对不能长久地得志于天下。白起、项羽都是攻必克、战必胜的千古良将，却都因为嗜杀而以悲剧收场。可见，欲得天下者，必须心怀天下。能治理百姓的人，一定怀有仁慈、恻隐之心。依靠武力只能取得暂时的强大，而不可能得志于天下。

古为今用

老子一方面指出战争是不吉祥的东西；另一方面，老子也指出战争有时也是不可避免的，得道之人也不得不采取战争来除暴御敌。老子的观点得到了后世众多兵法家的赞成，历史上流传的每一部兵书几乎都要求统治者既不能滥用武力，也不能荒废武力。

主张以德治国的孔孟之徒也不主张完全放弃武力，并进行了很多关于战争的论述。那些被视为古代贤君的商汤、周武王都是以武力而夺取的天下。但他们因为是“以有道，伐无道”，顺应了天下民心，更被赞为千古贤君。直到现在，这种思想仍然是我国军事思想的基础，比如我们发展军力，并不是为了恃强凌弱，以及侵略干涉别国，而是为了保护自己的领土不受侵犯，维护国家的主权独立；发展核武器不是为了恐吓周围的国家，而是为了不受其他强权的威慑和胁迫。老子的战争思想从未也永远不会过时，和平是全世界人民的共同愿望，那些恃武逞强、以军力欺负别国的行为是不得人心的。

第三十二章（论道）

精彩导读

“道”是侯王使天下归之应当遵守的。虽然“道”十分朴素，却是自然间最基本的规律，天下万物向“道”，就像川谷之水流入江海一样自然。“名”是造成世间纷乱的原因，应该对其有所制约，如此才不会陷入危险。这一章有两个要点：一是讲统治者如能以“道”的法则治理天下，自然会得到天下人的拥戴；二是讲“知止”。“道”是“无名”的，而文化思想、制度是“有名”的。对于文化思想的提倡、制度的运用不要过分，要适可而止，这样才不至于出现危险。下面让我们走进《老子》第三十二章去汲取其中的智慧吧！

原文

道常无名，朴虽小①，天下莫能臣也。侯王若能守之，万物将自宾②。天地相合，以降甘露，民莫之令而自均③。始制有名，名亦既有，夫亦将知止④，知止可以不殆⑤。譬道之在天下，犹川谷之与江海。

注释

①小：用以形容“道”是隐而不可见的。

②宾：服从，宾服。

③自均：自然均匀。

④知止：知道“道”之所在，不要因有名而忘忽“道”。

⑤不殆：没有危险。

译文

道体虚无，永远处于不可名状而朴质的状态。即使非常隐微，天下也没有人敢支配它。侯王若能守着这虚无的道体，不违反万物的本性，万物自然会顺其性而归服。天地阴阳之气相合，就会降下甘露，不需人们指使，就会分布很均匀，“道”亦然。“道”创造了万物，万物兴作就产生了各种名称。既已定了名称，就该知道有个限度，所以人便不可舍本逐末，而是应该知道适可而止。知道适可而止，才能远离危险，避免祸患。“道”对于天下人来说，“道”就好像海洋对于川谷一样，海洋是百川的归宿，也是天下人的归宿；人广受其利，物备受其泽。

精彩点拨

通过前面的叙述，我们知道老子反对通过战争、暴力来取得天下，认为战争只在不得不用的时候才可以采用，而且要怀着悲悯的心情去对待它。既然战争不可以凭恃，那么应该如何取得天下呢？就是“道”。老子说虽然“道”是无法名状的、原始朴素的、幽隐难见的，但它却是宇宙中最基本的规律，万事万物都不能让它臣服，而应该依照着“道”而运行。所以，如果侯王想要得志于天下，便不能违反“道”，如果其政合乎于“道”，那么天下就自然来了，就像百川归海那样自然。对此观点，你有什么看法吗？

古为今用

在本章中，老子由治身之道扩展到治国之道，辩证地说明了“道”与“法”的关系。治身之朴指的就是治国之法。朴是自然的、纯真的，治国之法也必须是正义而神圣的，任何人都不能居于这个法则之上。如果治国者能够实现法治，天下万民便将自然归服。治国的法则在制定之初，具有详细而具体的内容条款。通过宣传学习，人们就具备了守法观念，那些不能遵纪守法的人就要受到制裁。不过，得道之人制定治国法则不是为了惩罚人们，而是为了规范、约束人们的思想行为，从而减少犯罪的行为，维护社会的安定。所以说，立法是手段，止法是目的，只有使治国的法则和道德结合在一起，并最终以道德取代法则，社会才会安定，天下才会太平。

第三十三章（修身）

精彩导读

本章讲个人修养与自我设计的问题。老子从“道”的立场上阐释了“智、明、有力、强、富、有志、久、寿”的概念，主张人们要丰富自己精神生活。在老子看来，最能体现道家观点的是“自胜者强”和“知足者富”两句：“知人”“胜人”十分重要，但是“自知”“自胜”更加重要。他认为，如果一个人能够时时反省自己，坚定自己的生活信念，并且切实推行这一信念，就能够保持旺盛的斗志和饱满的精神面貌。本章只寥寥数语，看上去浅显易懂，实则蕴含着极其深奥的道理。下面让我们一起来咬文嚼字吧！

原文

知人者智，自知者明。胜人者有力，自胜者强①。知足者富。强行②者有志。不失其所③者久。死而不亡④者寿。

注释

①强：刚强、果决。

②强行：坚持不懈、持之以恒。

③不失其所：不丧失本性。

④死而不亡：身虽死而“道”犹存。

译文

能了解别人的长短善恶，乃是智慧，能了解自己才是高明。能够战胜别人乃是有力，能够克服自己才是坚强。能够知足常乐就是富裕，能够勤行大道而恒久不息就是有志。不离失根本，能常处于“道”的，才能长久。人既能以“道”为处所，自然也能和它同长久；既能以“道”为依归，虽死，却能与“道”同存，这才是真正的长寿。

精彩点拨

在上一章中，老子说有了名分以后要知止，如此方可不殆。在本章中，老子提出了“自知、自胜、知足、强行”等概念，从知止和进取两方面来论述如何加强个人的修养。“知人者智，自知者明。”知人不易，大文豪苏轼曾感叹：“人之难知，江海不足以喻其深，山谷不足以配其险，浮云不足以比其变。”所以，老子说了解别人是拥有智慧的表现。但了解自己却更难，这才是真正的明白。俗话说：“人贵有自知之明”“医生不能治自己，卜者不能算自己”，人们看到的总是别人的事物，听到的总是别人的声音，感觉总是和别人相处时得来的，所以对自己的了解要比了解别人难得多。只有认识自己才能称得上是真正的大智慧。其实，只有自知才能达到知常，只有了解自己，了解自己的优点和缺点，才能吸纳别人的优点，包容别人的缺点，才能做到胸怀广阔，最后才能达到“没身不殆”，即本章的“死而不亡”。

古为今用

了解别人的人只是聪明而已，了解自己的人才是超越了聪明的。能够战胜别人的人只是有力量而已，能够战胜自己的人，他的力气不会被外物损耗。把智谋用在别人身上不如用在自己身上，把力量用在别人身上不如用在自己身上。将自己明了、看透，外物就在你眼前准确清晰地呈现；将力量用在自己身上，就不必用自己的力量去改变外物了。自己感到满足了，就不觉得缺失什么，当然就富有了。勤奋努力的人，他的志向必会实现，所以说，顽强努力的人是有志的。对自己有清醒的认识，做自己力所能及的事，不偏离自己的位置，必然能够长久。

第三十四章（论道）

精彩导读

这一章旨在讲“大道”发生作用的方式，即“德”。核心内容是老子对小和大的阐述。“道”生养万物，却不自恃有功，也不自以为大，正因为“道”不在大，所以才成为最大。“道”广泛存在，生养万物而不居功自傲，不自以为主宰的特质。这也是老子对“圣人”“侯王”所提出的要求、意见。只有顺其自然，不自以为万物之主宰，天下万物才会归顺他，才能“后其身而身先，外其身而身存”。遇事谦退无争，反而能在众人之中领先；将自己置之度外，反而能保全自身生存。下面让我们一起来领悟《老子》第三十四章的智慧吧！

原文

大道氾兮，其可左右。万物恃之以生而不辞①，功成而不名有②。衣养万物而不为主③，常无欲，可名为小；万物归焉而不为主，可名为大。以其终不自为大，故能成其大。

注释

①辞：言词，称说。

②不有：不自以为有功。

③衣养：护养。不为主：不自以为主宰。

译文

大道流行泛滥，就像水一样，可左可右，无所不到。任万物生长，而不加以干预，任万物成就，而不居其功；它养育万物，而不主宰万物。从道体的隐微虚无来看，它可以说很渺小，但其用无穷，润育万物，使万物归附而不自以为主宰；它又可以说是很伟大。“道”之所以能成其伟大，就是它始终不自以为伟大的缘故。

精彩点拨

“大道汜兮，其可左右。”老子在本章的开头解释说，“道”广阔无际，是宇宙的主宰。在老子看来，“大道”正如江河一般广泛流行、周延四方。事实上，老子在这里形象而具体地描述出了“大道”的存在形态。“道”具有什么样的特质呢？老子认为，永远没有自己的欲望就是“大道”的特质。“大道”无欲无求，没有欲望，便不需要追求名声，因此它在人们的眼里，时常显得微不足道。最后老子指出，正是因为“道”不自认为伟大，所以才能够成就自己的伟大。“常无欲，可名为小。万物归焉而不为主，可名为大。”“大道”是如何发挥作用的呢？老子认为，统治者治理国家与个人修为的关系确实是十分紧密的，个人修为是“小道”，而以“小道”去治理国家便成了“大道”。“常无欲”是个人修为的核心，只要治国者摒除个人私欲，就不会视天下万物为私产，也就会出现“万物归焉而不为主”的理想社会环境。联系现在反贪反腐实际，谈谈你的观点吧！

古为今用

人类的行为与“大道”相比，两者往往是截然相反的。在人类看来，人是万物之灵，有着思想和意识，既可以创造事物，也可以改变事物。所以人类常常自认为是万物的主人，可以主宰万物的命运，也可以任意命令和指使万物。这种想法是错误的。需知人类之所以能够生存和发展，所依靠的正是自然界的万事万物，我们非但不能主宰自然，还常常受到自然的制约。此外，人类同样是从“大道”中衍生出来的。换句话说，大道主宰了人类的命运，而自然界的万事万物为我们提供了生机和能量。如果人类真的可以主宰万物，那么为什么我们会时常遭受大自然的报复呢？比如，我们过度开采森林资源，肆意砍伐树木，毁坏植被，造成了水土流失，重则还会引起泥石流、沙尘暴等灾害的发生。又比如，从2020年开始延续到现在肆虐全球的新冠肺炎疫情是不是对人类违背大自然规律所敲的一次警钟呢？

第三十五章（论道）

精彩导读

谁掌握了“道”，谁就会得到天下人的归顺。虽然“道”是无形无声的，但其功用却无尽无止，人民向往“道”、安于“道”，它比音乐、美食更能吸引人民。这一章讲“大道”的运用和本体。从运用的角度来讲，能够按“道”的法则行事，就会得到天下人的归顺，没有祸害；从本体的角度来讲，“大道”无形无相，说出来也平淡无奇，但是能用之不竭。本章旨在说明认识“大道”是认识世界和改造世界的关键，也是实现人生意义的根本。人们切勿舍本逐末，背离大道，为一时的名利所诱惑。否则，不但不能实现心灵的自由，而且会对人生的归宿产生疑惑。下面让我们进入《老子》第三十五章具体内容的深入探讨中。

原文

执大象①，天下往。往而不害，安平太。乐与饵②，过客止。道之出口，淡乎其无味，视之不足见，听之不足闻，用之不足既。

注释

①大象：“大道”之象。

②乐与饵：音乐和美食。

译文

一个人能守大道，天下人都会归顺他。因为他不但不会害人，反而能使天下得到太平康乐。悦耳的音乐、可口的美味只是做客时的短暂享受罢了，怎么可能持久？虽然“道”显现出来的淡而无味，既看不见，又听不到，但取之不尽，用之不竭。

精彩点拨

“执大象，天下往。”在本章中，老子提出了大象的概念。这里所说的大象指的是“道”的法象，它类似路线图。在老子看来，如果能够掌握“大道”的大象，就能得到天下人的归附和顺从。“往而不害，安平太。乐与饵，过客止。”“大道”无处不在，但是人们却不能看见它、听到它。“大道”就像一个默默无闻的人，它没有华丽的外表，既不会引诱外物，也不会为外物所引诱。“道之出口，淡乎其无味，视之不足见，听之不足闻，用之不足既。”“大道”是无声无形的，不会对人们构成诱惑。而我们既看不见它，也摸不着它，于是也就很难执着地追求“大道”了。追求享乐是人生而具有的本性。在物质丰富的社会中，人们很难克制自己的欲望，于是必然会想方设法满足自己的占有欲。如何才能在现实生活中追求“大道”呢？请你谈一谈吧！

古为今用

老子言：“执大象，天下往。往而不害，安平太。”就是说，作为统治者，要坚守为君的“大道”，也就是顺势而为，无为而治，爱民、利民，不残害人民，这样天下人才会归心于他，他的地位才能长保。人民追求善政，就像流水向下一样自然，只要统治者不残害人民，人民便向往他，追随他，就像百川汇于大海一样，他想不成就一番事业也是不可能的。作为一个人，立身于世，无论处于何等地位，都有他自己的“大道”，也就是不可放弃的原则。只有坚持这个根本，人生才能实现应有的价值，保持长久平安。如果为了某些私欲而背弃自己的原则，做了有违道义的事，那么就失去了立身之本，他所追求的荣华富贵、名誉地位都将变为无根之木、无源之水，很快枯竭干涸，甚至再也不能在世上立足。“大道”为人生之本，坚守它，人生才有了牢固的基础，进而才能得到功业、财富、幸福等；违背做人的基本原则而想要平安太平是不可能实现的。历史上数不清的人不择手段地追求权力、富贵，到最后却落得个一场空，身辱名灭就是因为放弃了“大道”的缘故。你能列举出这方面的例子吗？

第三十六章（治国）

精彩导读

本章主要讲了事物的两重性和矛盾转化的辩证关系，揭示了自然界运动变化的规律，同时，老子还以自然界的辩证法比喻社会现象，目的在于引起人们的警觉注意。这种观点贯穿《老子》全书。任何事物在其发展过程中，都会走到某一个极限，这时，该事物就会朝着相反的方向发展变化。本章旨在借物极必反的道理，教人以柔弱自处回归“大道”的本源。具体是怎么阐述的呢？下面我们一起来研讨《老子》第三十六章的内容。

原文

将欲歙①之，必固②张之；将欲弱之，必固强之；将欲废之，必固兴之；将欲夺之，必固与③之。是谓微明。柔弱胜刚强。鱼不可脱④于渊，国之利器不可以示人⑤。

注释

①歙：敛，合。

②固：暂且。

③与：给，同“予”字。

④脱：离开、脱离。

⑤利器：指国家的刑法等政教制度。示人：给人看，向人炫耀。

译文

物极必反，势强必弱，这是自然不易的公理。能够明了这个道理而加以运用，自然就无往不利了。任何事物，要收敛的，必定故意扩充它；要衰弱的，必定故意强盛它；要废弃的，必定故意兴盛它；要取去的，必定故意给予它。这个道理看似隐微，其实很明显，那只不过是柔弱胜刚强的征兆罢了。深水是鱼生存的根本，鱼不能脱离深水，否则必定干死；治国者不可用强权政治来显耀威吓人民，否则便要自取其祸，国破身亡。

精彩点拨

“将欲歙之，必固张之；将欲弱之，必固强之；将欲废之，必固兴之；将欲取之，必固与之。”在本章的前四句之中，老子具体分析了事物的发展情况，这几句话贯穿了老子物极必反的辩证法思想。在以上所讲的歙与张、弱与强、废与兴、取与予这四对矛盾的对立统一体中，老子宁可居于柔弱的一面。在对人与物做了深入而普遍的观察研究之后，老子认识到，柔弱的东西里面蕴含着内敛，往往富于韧性，生命力旺盛，发展的余地较大。相反，看起来似乎强大而刚烈的东西，由于它的显扬外露，往往失去了发展的前景，因而难以维持长久。在柔弱与刚强的对立之中，老子断言柔弱的呈现胜于刚强的外表。

古为今用

本章贯穿着以弱胜强、以退求进的思想。在对世事深入观察的基础上，老子认识到，那些看起来似乎强大刚强的东西，由于显扬外露，往往蕴含着危机，不能长久；而那些看似柔弱的事物，却因为具有充分的发展空间而充满活力。在柔弱与刚强的对立之中，柔弱往往能够战胜刚强，最后脱颖而出。所以，守下、守辱、不争才是真正能够长久的。要完成一件事也是如此，想要削弱对手，可以先让其强盛，从而使其自满；想要夺取什么，可以先给予对方，使它自大；想要废弃什么，可以先兴盛它，使之麻痹。勾践想要报复吴国，就竭力侍奉夫差，让他骄傲自大，北上争霸，最后给其致命一击。在历史上，这样的事例数不胜数。只有知道以退为进，以舍为得，以弱求强，以不争而争的道理，才能够永远保持活力，永远不被淘汰。

第三十七章（治国）

精彩导读

这一章是老子《道经》的最后一章，《道经》共三十七章，主要讲述了“大道”的概念、形状、意义、价值和规律。本章与第三十五章的内容基本相同，中心议题是“无为而无不为”，即老子的朴治主义思想，也是老子思想体系中居于核心地位的命题。老子认为最完美的治世之法是“无为”，即顺着“道”的法则自然而为。能顺“道”而行，就会自然走上正轨。下面让我们一起来阅读《道经》最后一章吧！

原文

道常无为而无不为①。侯王若能守之②，万物将自化。化而欲作③，吾将镇之以无名之朴。镇之以无名之朴④，夫亦将不欲。不欲以⑤静，天下将自定。

注释

①无为：指顺其自然，不妄为。无不为：是说没有一件事是它所不能为的。

②守之：即守道。

③俗作：私欲萌动。欲，指贪欲。

④无名：指“道”。朴：形容“道”的真仆。

⑤以：则。

译文

“道”永远顺其自然，不造不设。看似无所作为，但万物由“道”而生，实际上却是无所不为。侯王若能守着这个“道”，万物就会各顺其性，自生自长。然而这种状态并不能长久保持，在万物生长繁衍的过程中，难免有欲望邪念，这时只能以“道”的本质——

“无名之朴”来克服这种情形的发生。一旦没有欲望邪念，能够归于沉静不乱，那么，天下自然就会安定。

精彩点拨

怎样在人类社会中运用“道”的法则呢？老子说，治国者只要恪守“道”的原则，遵循“无为而无不为”的法则，就会达到“天下将自定”的理想社会。“大道”无为，始终按照自己的轨道运行，可使整个宇宙和谐有序；治国者无为，始终遵循自然法则和社会法则，可使国家大治，百姓安定；自我无为，始终遵守自然之道和人生法则，可使自己健康长寿。在这里，宇宙、社会、人生是“实”“有”，自然法则、社会法则、人生法则是“虚”“无”，实与虚、有与无是对立统一的关系。因此，欲治实、有，必先守虚、无。自然法则是永恒不变的，所以无为的目的在于寻求“朴”，也就是合乎自然法则的社会法则和人生法则，治国以法，治身以朴，这样才能够达到“无为而无不为”的境界。

古为今用

本章内容是对前文的一个总结概括。首先老子强调“道”“无为而无不为”的特性。接着指出“无为之治”是治理天下的根本手段，然后阐述通过“道”可以克制万物生长中产生的“欲”。最后提出“不欲以静，天下将自定”的结果。通过本章可以提炼出《道经》的精华：无为自化，无欲自定。古人有很多提倡顺应事物规律、无为而治、无言而教的论述。柳宗元的《种树郭橐驼传》《捕蛇者说》，以及龚自珍的《病梅馆记》无不抨击、揭露了过分干扰对事物本性的破坏。即使到了现在，这种违反规律的事也是层出不穷，他们无不是因为不能了解“大道”规律，肆意对事物发展进行曲解、干涉造成的。“人定胜天”“只有想不到，没有做不到”在一定程度上的确能激发个人的潜能，创造出意想不到的业绩。但一旦“想”得过度，就会成为一种病态的妄想，不仅会给社会带来危害，也必将严重损害个人的发展。只有顺势而为，依“道”而行，才能实现个人与社会、自身与外部的统一，大可以正确治国，小可以无忧安身。

下篇·德经

DEJING

第三十八章（砭时）

精彩导读

“上德不德，是以有德；下德不失德，是以无德。”本章是老子《道德经》的第二部分——《德经》的开篇。前面的章节是《道经》部分，《道经》阐释的是天道，也就是自然规律。而《德经》阐释的则是人德，也就是人生的行为准则。在老子看来，“道”的属性表现为“德”，只要是合于“道”的行为，就是“有德”；只要是不合于“道”的行为，就是“失德”。“道”与“德”是不可分割的统一整体，但是两者也有区别：“德”可以分为上德和下德，只有上德才合乎“道”的精神。“德”是“道”在人类社会的具体体现。“道”指的是客观规律，而“德”指的是人们把“道”运用于人类社会产生的功能。天道和人道一起构成了老子哲学的思想体系。下面让我们一起来探究《老子》第三十八章所蕴含的深刻哲理吧！

原文

上德不德，是以有德；下德不失德，是以无德。上德无为，而无以为①；下德为之，而有以为②。上仁为之，而无以为；上义为之，而有以为。上礼为之，而莫之应，则攘臂而扔之。故失道而后德，失德而后仁，失仁而后义，失义而后礼。夫礼者，忠信之薄③，而乱之首④；前识者，道之华而愚之始。是以大丈夫处其厚⑤，不居其薄；处其实，不居其华。故去彼取此。

注释

①无以为：即无心作为。

②有以为：有所为，有所企图。

③薄：不足、衰薄。

④首：开始、开端。

⑤处其厚：立身敦厚、朴实。

译文

上德的人对人有德而不自以为德，所以才有德。下德的人对人一有德，就自居其德，所以反而无德了。因为上德的人与“道”同体，“道”是无所为而为，所以他也是无所为而为。而下德的人有心为“道”，反而有许多地方却做不到了。上仁的人虽然是为，却是无所为而为；上义的人尽管是为，却是有所为而为；上礼的人就更过分了，他自己先行礼，若得不到回答，便不惜伸出手臂来，引着人家强就于礼。由此看来，失去了“道”而后才有德，失去了德而后才有仁，失去了仁而后才有义，失去了义而后才有礼。等到步入礼的境界，是表示忠信的不足，祸乱也就随之开始。至于以智慧去测度未来，不过是“道”的虚华，是愚昧的开始，更是愚不可及的事。所以大丈夫立身敦厚，以忠信为主，而不重视俗礼；以守道为务，而不任用智巧；务必除去一切浅薄浮华等不合乎“道”的，而取用敦厚朴质等合乎“道”的。

精彩点拨

本章作为《德经》的开篇，首先揭示了上德与下德的区别。在老子看来，得道之人是具有最大德行的人，他们的心里本来就没有上德与下德的概念，所以人们才会认为他们的行为是合乎道德的。换言之，大道与大德都是无言无名的。如果一个人的心里有上德与下德的概念，那么他就会进入到后天的分别之中。一具有了分别之心，那么这个人便是凡夫俗子了。由此得出，凡是具有下德的人，他们的心里都会有上德与下德的概念。做任何事情都要拿道德去衡量，生怕自己的行为不合乎道德。如此一来，人们所做的事情也就没有真正合乎道德了。

古为今用

人们常说：“性格决定命运。”的确，个人的遭遇和发展与他的处世方式、性格特征息息相关。有些人性格随和，能根据周围的环境和身边人的感受随时调整自己的心态、行为，能很好地融入社会环境之中；而另外的一些人则因为“个性十足”而失败，最后被周围的人所抛弃，处处遇阻成为孤家寡人。坚持原则很重要，但真正的智者并非是“顽固不化的”，人们常说“顺应大流”“见什么人，说什么话”就包含着这种思想。所以说，上者能顺应大势，创建一番事业；中者能随时而变，不陷于困境；下者违背大道，终尝苦果。很多外部环境不是靠信心便可以改变的，与其硬要对它们进行改变，不如暂时舍却，顺应时局或更待佳时。即便满怀救世治国决心的孔老夫子，有时也不得不发出“有道则仕，无道则隐”的感叹。你是上者？中者？下者？

第三十九章（治国）

精彩导读

天、地、神、人都因为“混而为一”才表现出了它们的特性。物极必反，如果过于追求极端，就会走向相反的方向。统治者必须懂得这个道理，能知荣守辱，知黑守白，不争而争，不治而治。在本章中，老子列举天、地、神、谷、万物、王侯，说天与“道”相合，便会变得清明，地与“道”相合，便会变得宁静，神与“道”相合，便会灵验，川谷与“道”相合，便会盈满，王侯与“道”相合，便能使天下大治。老子通过以上所列举的事物，阐明了“一”是万物存在的基础及万物始祖的道理。下面让我们进入《老子》第三十九章的学习吧！

原文

昔之得一①者：天得一以清；地得一以宁；神得一以灵②，谷得一以盈，万物得一以生，侯王得一以为天下正。其致之，天无以清，将恐裂；地无以宁，将恐废；神无以灵，将恐歇；谷无以盈，将恐竭；万物无以生，将恐灭；侯王无以正，将恐蹶。故贵以贱为本，高以下为基。是以侯王自称孤、寡、不毂。此非以贱为本邪？非乎？故至誉无誉③。是故不欲琭琭④如玉，珞珞⑤如石。

注释

①得一：即得道。

②灵：灵性或灵妙。

③至誉无誉：最高的荣誉是无须称誉赞美的。

④琭琭：形容玉美的样子。

⑤珞珞：形容石坚的样子。

译文

天地万物都有生成的本源，那就是“道”，也可称为“一”。自古以来，天得一才能清明，地得一才能宁静，神得一才能灵妙，谷得一才能充盈，万物得一才能化生，侯王得一才能使得天下安定。这些都是从一得到的。否则，天不能清明就会崩裂，地不能宁静就会震溃，神不能灵妙就会消失，谷不能充盈就会涸竭，万物不能化生便遭灭绝，侯王不能治理天下便会被颠覆。所以贵乃是以贱为根本，高则是以下为基础。且看侯王的称孤道寡不就是以卑微为出发点吗？所以招致过多的赞誉就反而没有荣誉。圣人不想要像珠玉那样尊贵华美，而宁愿像顽石那样低贱丑陋。

精彩点拨

这一章讲的是“道”的应用。“一”就是“道”的意思。“道”是天下万物的根本，也是做任何事情，包括治理国家的根本，因此，“致之一”即按“道”的法则去行事。“昔之得一者：天得一以清，地得一以宁，神得一以灵，谷得“一”以盈，万物得“一”以生，侯王得“一”以为天下正。”在本章中，老子重点强调了一的概念，并反复使用了“一”。究竟什么是“一”呢？从狭义上来看，“一”就是唯一、统一的意思；从广义上来看，“一”是一个十分抽象的概念，它既指物质的唯一性，也指认识的统一性。老子认为，“一”是万物的最早起源，世间万物全都是由“一”慢慢衍生出来的。所以，这个“一”是万物所共有的一，任何事物都是从“一”开始的。你认同老子的这一观点吗？

古为今用

自然万物是不分贵贱的，虽然花鸟鱼虫形态本性各不相同，但它们都是平等的，共同构成了美丽的大自然。真正的得道之人也应该像这些大自然中的事物一样，博大、宽厚、和光同尘、定乎内外、分辩荣辱之境。

统治者只有遵守平等、仁慈的处世之道，爱护人民，贡献人民，和人民“混而为一”，才能得到世人的尊重，才能被后人所铭记、爱戴。统治者得到人民认可最好的方式不是建立什么丰功伟绩、开拓多少疆土、取得多少胜仗，而是能够让百姓看到统治者是爱惜自己、服务自己、接近自己，而非高高在上，剥削、统治自己的。“归于自然，混而为一”，保持平和淡泊的心态，坚守谦卑自下的待人态度，不仅是一个有德君子的处世原则，更是世间最高的处世智慧。你认同吗？

第四十章（论道）

精彩导读

在这一章中，老子提出了几个重要的结论：第一点是“反者道之动”，任何事物的发展运动都是朝着相反的方向的。第二点是“弱者道之用”，“道之用”就是“道”发生作用的方式。用弱而不用强，就是因为“反者道之动”，用弱反而能强；反之，用强则反而变弱。第三点是“万物生于有，有生于无”。“道”的规律是不断循环往复的。柔弱是“道”发挥其功能作用的关键。有形的万物生长运行都依据“道”而运行，但“道”却是无形虚空的，故而老子又说：“天下万物生于有，有生于无。”下面让我们进入《老子》第四十章的学习与探讨。

原文

反者①，道之动，弱者②，道之用。天下万物生于有③，有生于无。

注释

①反者：循环往复。

②弱者：柔弱，渺小。

③有：这里指“道”的有形质。

译文

向着相反的方向转化发展是“道”的运动。保持柔弱的地位是“道”的运用。天下万物产生于具体的有形质之物，“道”生万物的过程是从无形质之物产生出具体的有形质之物。

精彩点拨

“天下万物生于有，有生于无”与第一章“无名，万物之始也；有名，万物之母也”遥相呼应。“有”更侧重物质性，而“无”则更侧重精神性。人不同于野兽昆虫，人既是物质性的，需要衣食住行等来维持最基本的生活，但同时人也是精神性的，人类有思想，有理想、有道德，有原则……对于人来说，到底什么才是根本？这是个玄之又玄的问题，自古就争论不休。老子认为“无”是“有”的本源，但我们要看到其局限性，对于人来说，物质与精神都是缺一不可的，这一点是十分明确的。很多人过于追求精神方面的事情，而无法在世界中生存；但对于现代社会来说，太多人过分注重物质。老子重视“无”的思想在今日尤其值得人们好好思索。

古为今用

每个人都希望在整个生命中总是一帆风顺的，不过这是不太现实的，爬高了难免会有跌下来的时候，走快了难免会有绊倒的地方，能够认识到生活之中这些反复变化，才能从容地面对各种苦难和挫折。那些“得道者”不会因为一时的成功、荣耀而沾沾自喜，忘乎所以，也不会因为一时的失败、耻辱而自暴自弃，怨天尤人。他们知道，光荣是暂时的，苦难也是暂时的，再崇高美好的荣誉也会过去，再沉痛悲伤的黑暗也会终结，他们都有一颗宠辱不惊的心，总能让自己保持淡泊宁静的心境。苦难不可怕，可怕的是我们自己在苦难面前选择屈服，没有勇气去等待黑暗过后、光明到来的那个时刻。历史上那些成功者之所以能够成功，就在于他们拥有不服输的坚韧性格，以及不向困难低头的执着。中华民族之所以能够走过数千年的风风雨雨，正是因为历代先贤不屈不挠的奋斗精神、永不放弃的民族信念。

第四十一章（论道）

精彩导读

在上一章中，老子讲了“反者道之动”，论述了“道”的德行，即循环往复、柔弱顺应。这一章也讲一个“反”字，即“道”的真正内涵以及发生作用的方式与世俗人们的认识往往相反。上士了解了“道”，就会努力去践行，中士了解了“道”，只是将信将疑，下士了解了“道”，却只有哈哈大笑。“道”本来就是玄之又玄的东西，不是所有的人都能轻易理解的。“道”的表象和实质常常存在不同甚至相反，但只有坚持它，才能使万物善始善终。下面让我们一起进入《老子》第四十一章文本的探究吧！

原文

上士闻道，勤而行之；中士闻道，若存若亡①；下士闻道，大笑之。不笑不足以为道。故建言②有之：明道若昧，进道若退，夷道若纇。上德若谷③，大白若辱，广德若不足；建德若偷；质真若渝④；大白若辱；大方无隅⑤；大器晚成；大音希声；大象无形；道隐无名。夫唯道，善贷且成。

注释

①若存若亡：指若有若无，即半信半疑。

②建言：立言。此指古人所立之言，即古代流行的格言。

③谷：比喻谦下而能大度容物。

④质真若渝：质朴而纯真好像浑浊未开。

⑤大方无隅：最方整的东西却没有角。

译文

上士闻“道”，就努力不懈地去实行，绝不间断，中士由于识见不足，认“道”不清，因此觉得“道”似真似幻，若有若无，下士听见合乎“道”的话，反而哈哈大笑起来，以为荒诞不经。如果不能让这般俗陋的人大笑的话，“道”就不是真“道”呢！所以古时候立言的人有这样的话：“从表面上来看，明道反像暗昧，进道反像后退，平道反像不平。”同样地，上德反像低下的川谷，高洁显荣反似含垢受辱，广大的德行反似不足的样子，刚健之德反像怠惰的样子，质朴的德反似易变的样子，其理莫不源于此。广大的空间没有可指的角落，伟大的成就大都晚成，天籁的声音无声可闻，没有形象的象无形可见；大道隐微不可说，没有名称来指明。上士的人了悟这些道理，立刻付诸行动，以期合于道体。因为只有无时不有，无所不在的“大道”才能施恩万物，无所不成。

精彩点拨

在本章中，老子提出了三种人，他们的主要区别就是对待“道”的态度。上士显然是高明的人，即所说的得道之士，他们听闻了“道”以后，就依据“道”而治民；而中士听闻了“道”以后，表现得比较平庸；下士则又下一层，他们听闻了“道”以后，表现出狂妄而浅薄。老子指出，“道”本来就是玄之又玄的东西，只有上士才能了解它、践行它，因此，遭到嘲笑也是情理之中的事。接着老子用一系列“道”所表现出的矛盾性来说明它的真谛是很难被理解的，它是幽隐而难以名状的。这是老子辩证法思想的体现，表现了“道”的非直观性，不与世俗所见相同。

古为今用

“不笑不足以为道。”对于下士的无知和嘲讽，老子表现出极度的宽容。老子之所以宽容地对待无知的下士，在很大程度上是他悟道和修德的结果。可以包容万物，还能成全万物。在现实生活中，我们难免要和形形色色的人打交道，这些人中，有的粗俗，有的高雅；有的单调乏味，有的幽默风趣。面对各种各样的人，我们应当如何与他们交往呢？如果自视清高，不与世俗之人交往，一看到他们就冷眼相对，那么自己也将陷入低俗的深渊之中。如果能够做到像莲花那样出淤泥而不染，以自己高洁的品行感化低俗之人，使他们慢慢脱离低俗，这才是难能可贵的。因此，怀有一颗包容之心便是怀抱着无价之宝，我们也将受益无穷。

第四十二章（论道）

精彩导读

这一章在内容上可以分为两部分，在前一部分，老子提出了“宇宙生成论”，即“道生一，一生二，二生三，三生万物”。从道家的思想上讲，一为虚无之气，二为阴阳。一、二合而为三而生出了万物。后一部分讲的是“道”的起用之法，即用弱、用柔。本章主要告诫人们应坚守谦卑守辱之道。老子指出有些事物，减损它反而可以使它增加，增益它反而使它减损，如果过于刚强，只会导致早早凋亡。下面让我们一起进入《老子》第四十二章的探讨吧！

原文

道生一①，一生二②，二生三③，三生万物。万物负阴而抱阳④，冲气以为和⑤。人之所恶，唯孤、寡、不穀，而王公以为称。故物或损之而益，或益之而损。人之所教，我亦教之。强梁者不得其死，吾将以为教父。

注释

①一：这是老子用以代替“道”这一概念的数字表示，即“道”是绝对无偶的。

②二：指阴气、阳气。“道”的本身包含着对立的两个方面。阴阳二气所涵育的统一体即是“道”。

③三：即是由两个对立的方面相互矛盾冲突所产生的第三者，进而生成万物。

④负阴而抱阳：背阴而向阳，谓万物本身就存在着矛盾。

⑤冲气以为和：此句意为阴阳二气互相冲突交和而成为均匀和谐状态，从而形成新的统一体。冲，冲突、交融。

译文

“道”是万物化生的总原理，无极生太极，太极生阴阳，阴阳二气相交而生第三者，如此生生不息，便繁衍了万物，因此万物禀赋阴阳二气的相交而生，这阴阳二气互相激荡而生成新的和谐体，始终调养万物。人所厌的是孤、寡、不谷，而侯王却以此自称，那是因为得道的侯王深明道体的缘故。任何事物，表面上看来似乎受损，实际上却是得益；从表面上看来似乎得益，实际上却是受损。因此，人生在世，应顺道而行，不可仗恃自己的力量而向大自然逞强，否则定得不到善终。前人教给我这个道理，如今我也拿来教别人，并以此作为“戒刚强”的基本要义。

精彩点拨

“道生一，一生二，二生三，三生万物。”在前面的篇章中，老子多次论述过“道”为万物之本源，在这里他再次指出这一点。“一”既是一个数字概念，表示“道”的唯一性，同时它也表现着“道”的无形、混沌、混而为一的状态。“二”指阴阳二气，《易经·系辞上》有“一阴一阳谓之道”之称。世间万物大多分为相互对立转化的两个不同方面，有无、高下、先后、寒暑、正负……这些矛盾的不同方面相互转化，而万物也随之不同，从而产生了新的事物，即“三”。而这些不同的新事物又组成了大千世界。

古为今用

“人之所恶，唯孤、寡、不穀，而王公以为称。故物或损之而益，或益之而损。”一般来说，人们都喜欢风和日丽的天气，而厌恶风雨交加的天气，这就表现出了趋阳避阴的特征。任何人都不喜欢鳏寡孤独，不希望被人遗弃。然而王侯公卿常常称呼自己为“孤、寡、不穀”，其实这是自谦的说法，他们本身并没有脱离“和气”，他们越是自谦，越能得到天下万民的拥护和尊敬，也就是损之有益。我们爱说“和气生财”“家和万事兴”，这里的“和”就是“和气”。和气的人从不计较个人得失，也不贪占小便宜，身边的痛苦和烦恼自然也就少了许多。北宋政治家范仲淹曾说：“不以物喜，不以己悲。”意思是说，不要因为外物的好坏和自己的得失而或喜或悲，这是古人修身的高深境界。所以，不管是不是处在人生的低谷，也不管是不是遇到诸多不如意的事情，我们都不可为一时的得失而或喜或悲，而是要冷静、平稳、和气地面对一切。

第四十三章（治国）

精彩导读

在上一章中，老子讲了万物的和气，这一章紧接着上一章的论述，继续阐述“柔”和“无为”的妙处。水看似柔软，却能够穿过坚硬的岩石、土地。最柔弱的东西里面往往蓄积着人们看不见的巨大力量，使最坚强的东西也无法抵挡。百姓就是如此，统治者们应采取无为而治的方式统治百姓、教化人民，强力只能带来反抗。下面让我们一起进入《老子》第四十三章的探究吧！

原文

天下之至柔，驰骋①天下之至坚。无有入无间②，吾是以知无为之有益。不言之教，无为之益，天下希③及之。

注释

①驰骋：形容马奔跑的样子。

②无有入无间：无形的力量能够穿透没有间隙的东西。无有，指不见形象的东西。无间，没有空隙。

③希：稀少。

译文

天下最柔弱的东西能驾驭天下最坚强的东西。“道”是无微不入的，这一无形的力量能穿透没有间隙的东西。因此我才知道无为的益处。但是像这样的道理——不言的教导，无为的益处，天下很少人懂得，也很少有人能做得到。

精彩点拨

在前一章中，老子提出了“强梁者不得其死”的观点，告诫人们过于刚强将会导致灾难，保持谦逊才是处世之道。于是本章中继续论述“至柔驰骋于至刚”的道理，指出柔弱的力量是无穷的，无为、不言的好处是不尽的。“天下之至柔，驰骋天下之至坚。无有入无间，吾是以知无为之有益。”空气是无形的，但它无处不在；空气是柔弱的，我们甚至感觉不到它的存在。但是强烈的空气流动会形成飓风，那种摇山撼地的力量足可以摧毁任何阻挡之物。水是柔弱的，但是它能穿过最坚硬的岩石，在大地的缝隙中不断前进，汹涌的海浪、大江大潮的力量更是足以拍扁最坚硬的钢铁轮船。光是柔弱的，但将其聚在一起，就能晒焦一切事物，甚至熔化钢铁。

古为今用

从不可知的宇宙洪荒年代开始，水就凭着自己柔顺的特性攻无不克，几乎侵占了所有的领域：陆地、平原、丘陵、沟壑、沼泽、低谷、深潭。水是万物的生存之源，也是人们赖以生存的源泉：我们尚在母体之内的时候，羊水就为我们提供给养；同时，羊水也保护着我们的身体，以免受到外物的挤压而对我们造成伤害。因此，可以说，水是孕育我们的源泉，没有水，我们就无法孕育生长，也就不能存活下来。水的作用是巨大的，但是它却十分谦逊，时刻表现出无为、素朴、默然的柔和状态。“不言之教，无为之益，天下希及之。”水的柔和体现的是朴素无为，如果人类能够拥有像水一样的特性，那么就做到了心静如水，也就不会陷入争名夺利的泥潭中，自然也就少了许多痛苦和烦恼。水至柔至顺，无为不止，即使受到伤害，也会坦然面对。通过这一章，我们应该学习柔水的处世态度，当我们面对伤害时，应该效法水的与世无争，应该宽容地对待一切，而不要睚眦必报。你能做到吗？

第四十四章（养生）

精彩导读

本章重点讲两个问题：一是教人珍视生命，不要把名利看得比生命还重；二是教人“知足”“知止”，一切事物都会向相反的方向转化，这是自然的法则。只有知足、知止，才能长久。名利、财货和身体相比又算得了什么呢？为了财货而放弃自身的价值和尊严，为了虚而名不惜自贱其身，只会招致厌恶，所获得的虚名和荣誉也必将全部散去。下面让我们一起来探究《老子》第四十四章所蕴含的智慧吧！

原文

名与身孰亲？身与货孰多①？得与亡孰病②？甚爱必大费，多藏必厚亡。故知足不辱，知止不殆，可以长久。

注释

①货：财富。多：厚重的意思。

②得：指名利。亡：指丧失性命。病：有害。

译文

身外的声名和自己的生命比起来，哪一样亲切？身外的财货和自己的生命比起来，哪一样贵重？得到名利，失掉生命，哪一样对我有害呢？由此可知，过分的爱必定要付出重大的损耗；要收藏喜欢的东西，将来亡失的也多。只有知足、知止，才可不受大辱，不遭危险，而生命也必能得以久存。

精彩点拨

在老子看来，人的最高目标应该是追求健康长寿，而不是追逐名利。这是因为人的精力是有限的，如果殚精竭虑地去追求名利，就会危害自己的生命。追求物质财富和名利本身并没有错，错就错在过分追求而不知满足，也就是欲望无止境，这是一切祸患产生的根源。因此，追求财富和名利要适可而止。老子的哲学思想是一个完整的体系，各章节之间不可分割，它们一起构成了一个统一的整体，把其中任何一章孤立起来理解都是不合理的。本章和前面的第十三章就有着紧密的联系，这两章都是为了说明人应该自重自爱的问题，所不同的是，第十三章以宠辱荣患与人的生命做比较，而本章则是以名利和财富与人的生命做比较。

古为今用

“故知足不辱，知止不殆，可以长久。”这句话集中体现了老子的处世观。我们常说物极必反，世界上任何事物都有自己的发展极限，一旦超过这一限度，就会朝着其对立面转化。比如，人们常说一句话：真理再向前跨出一小步就是谬误。这话一点也不假，这是经过实践论证而得出的结论。知足就会少一些耻辱，所以说，知足是明智的；因为知道适可而止方能长盛不衰，所以适可而止是有大智慧的表现。我们不否认利用聪慧的头脑和勤劳的双手来争取财富和名誉是光荣的，但我们必须把握住一个度，要适可而止。只有这样做了，才能既收获名利，又保持身体的健康。

第四十五章（修身）

精彩导读

老子善于用辩证的观点去观察事物，在本章中也是如此。任继愈先生在《老子新译》中写道："这一章讲的是辩证法思想。老子认为有些事物表面看来是一种情况，实质上却又是一种情况。表面情况和实际情况有时完全相反。在政治上不要有为，只有贯彻了'无为'的原则，才能取得成功。"那么，《老子》在本章是如何阐述他的这一观点的呢？下面让我们进入本章的学习与思考吧！

原文

大成①若缺，其用不弊；大盈若冲②，其用不穷。大直若屈③，大巧若拙，大辩若讷④。躁胜寒，静胜热，清静为天下正。

注释

①大成：最为完满的东西。

②冲：虚，空虚。

③屈：曲。

④讷：拙嘴笨舌。

译文

最完满的东西看起来好像有欠缺的样子，但是它的作用却永不会停歇；最充实的东西看起来好像虚空的样子，但它的作用却没有穷尽。最直的东西随物而成，看起来好像曲屈的样子；最灵巧的东西因自然而成器，不强为造作，看起来好像很笨拙的样子；最卓越的辩才因礼而言，不强事争辩，看起来仿佛是木讷的样子。因此，证"道"的人自可做到无为而无不为。治理天下的人更当随时体“道”而行，要明察寒、静可以克服热、躁。能执守清静无为之道，也就可做人民的模范，使万物各得其所。

精彩点拨

这一章讲真正的“大”就是合乎“道”，就是自然。因为自然，“大”反而好像很平常、有所缺陷似的。“大成若缺，其用不敝。”“大成”即伟大而又完美的成就，这里指“道”所成就、所创造的整个世界。“缺”指的是缺陷，不完美。“弊”意为衰败、衰竭，引申为短暂的、变化的。“大盈若冲，其用不穷。”其中的“盈”是充盈、丰满的意思；“冲”则是冲动、冲击的意思，后来引申为溃决之意。这句话的意思是说，最充盈的好像溃决，但它的作用永不穷尽。这一句和上一句说的是同一个道理，都是在论述物极必反的道理。“大直若屈，大巧若拙。”“屈”意为弯曲、邪僻。“大巧”指的是最灵巧的人。“大辩若讷”的意思与“大巧若拙”相同，说的是生存的技巧和策略，它的主要特点就是掩藏自己高明的面目，不是表现出强硬和锋芒毕露的样子，而是装出一副软弱、低能、愚笨、木讷的样子，并把这个假象展现给人看。“静胜躁，寒胜热。清静为天下正。”前一个“静”指的是冷静，后一个“静”意为清静无为，即和谐一致、协调统一的状态。

古为今用

什么是“大成若缺”呢？就是一个取得了巨大成就的人要表现得有所欠缺。既然获得了极大成就，为什么还要表现得有所欠缺呢？这是因为只有让自己保持欠缺，才能保持已有的成就，使发挥出来的作用永不衰退。由此可知，大成若缺的道理与老子上一章所说的“知足不辱，知止不殆”有着极大的相似之处。这里的“有所欠缺”是什么意思呢？其意思是做任何事情都要留有余地。为什么做事情要留有余地呢？这是因为留有余地不但可以进退自如，还能保持自己开创的事业不衰退，并使其不断发展下去。对这一观点，你有什么看法呢？你有过这样的体验吗？

第四十六章（养生）

精彩导读

在本章中，老子从“大道”的立场教人知足敛欲，以防物极必反。正是因为统治者的不知足而引起的战争使人们不能进行正常的生产活动，所不可避免地带来种种惨祸、暴行、灾难的痛苦。真正有资格统治人民的统治者应该以百姓的利益为先，时刻以爱民自励。下面让我们一起来学习探讨《老子》第四十六章的内容，看看老子是如何阐述这一观点的。

原文

天下有道，却走马以粪①，天下无道，戎马生于郊。祸莫大于不知足，咎莫大于欲得②。故知足之足，常足矣。

注释

①却：摒去，退回。走马以粪：用战马耕种田地。

②欲得：贪得，想掠夺。

译文

天下有道，人人知足、知止，国与国间没有战争，良马拉到田野作为犁田之用；天下无道，人人贪欲无厌，国与国间争战频频，所有的马用来战争，甚至连母马都要在荒郊从事生产，这就象征将有亡国之祸了。由此看来，祸患没有大于贪得不知足的了，罪过没有大于贪得无厌的了。治国如此，做人又何尝不是如此？只有知足常乐，才是永远满足。

精彩点拨

“天下有道，却走马以粪。天下无道，戎马生于郊。”“有道”即把握、认识到世界的本质并遵此而行。“粪”即给农田里的庄稼施肥。施肥是整个农业活动的一部分，这里代指的是整个农业活动。“祸莫大于不知足”，这里的“不知足”是人类心灵最重要的特征之一，它会让人产生出种种苦恼，同时它也引领着人们跨越了人和动物之间的巨大间隔。“咎莫大于欲得”，这里的“咎”即过错、过失；“欲得”指的是欲望得到满足。这句话的意思即最大的过失是贪得无厌。老子在本章的最后得出结论：“知足之足，常足矣。”也就是要人们知足敛欲，只有这样，才能保持恒久的满足。“知足常乐”，你认可吗？

古为今用

在这里，老子认为纵欲是一种不知收敛的放肆行为，不知足是一种不知内敛的进取行为，而贪得无厌则是人心不知满足的无限扩大。所以，对于统治者而言，贪婪往往会把国家引向无穷的灾难；对于普通人而言，贪婪往往会把自己拖入众叛亲离的境地。贪婪是一切灾祸的根源。统治者为了满足贪婪的欲望而发动战争，结果人民深受其害；普通人为了满足贪婪的私欲，同样也付出了沉重的代价。欲望的外向性决定了我们对外界事物的贪婪欲求只能是一个无底洞，如果我们深陷其中，所付出的代价将是无法估量的。我们一定要吸取教训，从贪婪中解脱出来。那么怎样才能从贪婪中解脱出来呢？这就需要借助“大道”的德行了。“大道”的德行就是无欲无求，只要能够遵循“大道”，合乎“大道”的德行，做到无欲无争，就会感受到人生的快乐，而快乐正是知足对我们最好的奖赏。老子说不知足是最大的祸患，可惜千百年来，世人在奔向欲望的道路上前仆后继，真正能知足常乐的又有多少？

第四十七章（修身）

精彩导读

“其出弥远，其知弥少”，即那些耳目所闻、所见的感官经验是不足为恃的。如果过于相信这种感官经验，反而会使人们迷乱、疑惑，不能深入了解事物的本质，认清事物的全体。圣人了解天地万物，不是单单通过感受，而是依靠内在的自省，通过达到心灵的虚空、平静、朴实来观看天下万物，掌握万物的发展规律，即“道”。这样就可以不出门而知天道，不窥牖而知天理。我们来看看《老子》在这一章是怎么来阐述这一道理的。

原文

不出户，知天下；不窥牖①，见天道②。其出弥远，其知弥少。是以圣人不行而知，不见而名，不为③而成。

注释

①窥：从小孔隙里看。牖：窗户。

②天道：日月星辰运行的自然规律。

③不为：无为、不妄为。

译文

不须出门，就可知天下；不看窗外，就可以知道自然运作的法则。如果一定要出门，外看以求知求见，反而会离道越远，所知越少。所以了悟“道体”的圣人，不需远求，天下的事理就可知道；不观察外界，就可说出自然的法则；不造作施为，就可使万物自化而有成。

精彩点拨

在这一章中，老子从“无为”的思想出发，提出了自己的“认识论”和“实践论”。从认识上讲，世俗的方法是使见闻广博，老子的方法则是“得其一”“抱一为天下式”，领悟“道”这个总纲和大原则，不出家门，天下事也差不多清楚了；从实践上讲，是顺“道”而行，不主观妄作，所以好像什么也没干，就成功了，这就是“无为而成”。“不出户，知天下；不窥牖，见天道。其出弥远，其知弥少。”“户”即门户、家门。“知”意为对世界的本来面目的认识。“天下”即整个现实世界。“天道”即自然的法则，也就是世界发生、发展的规律。“其出弥远，其知弥少。”“出”是指远离家园。这句话的意思是说，越向外奔逐的人，他所知道得也就越少。老子是想告诉我们，如果人的心智活动向外奔逐，就会使思绪纷杂、精神散乱，就好像镜子上面蒙上灰尘一样，这便是“其出弥远，其知弥少”。“是以圣人不行而知，不见而明，不为而成。”“行”指的是离开家园而远行。“为”即人们刻意努力的认识活动，也就是妄为、有为。

古为今用

人们常说：“耳听为虚，眼见为实。”可老子却认为，“眼见”也不足以为恃，大千世界，滚滚红尘，存在着太多让人心迷目乱的因素。正如前文所说“大成若缺，其用不弊。大盈若冲，其用不穷。大直若屈，大巧若拙，大辩若讷”。我们所见所闻的东西并不像其表现出来的那么简单，很多事物往往在现象之下存在着不同的、多样的本质。而这些仅仅依赖人的视觉、听觉、感觉是很难得知的，其中的规律是“视而不见、听而不闻、搏而不得”的。所以圣人不通过远行、观察的办法来了解世间万物，而是通过加强自己的修养，“致虚极、守静笃”来了解“道”，来了解世间万物运行最根本的规律。所以说，传说中的那些能“上知天文，下知地理，中知人事”的人并非是他们能通神，而是他们懂得了一些自然万物的规律，懂得了“道”，如老子所说的“不出户，知天下；不窥牖，见天道”而已。

第四十八章（治国）

精彩导读

此章承接前一章，仍是从认识和实践两方面讲“道”的起用方法，即“无为”。为学是“日益”，一天天增长；而为道则是“日损”，一天天去掉自己主观的妄念、幻想，而接近道的自然法则。把自己主观性的东西损到了“无”，就合乎道了，合乎道后做任何事——包括取天下都可以成功了，这就是“无为而无不为”。“为学”和“为道”是不同的，求道之人应减少主观妄念，保持虚静、朴实，从而达到无为无不为的境界。下面让我们一起来探讨《老子》本章是怎么样来阐述这一哲理的。

原文

为学日益，为道①日损。损之又损，以至于无为，无为而无不为。取天下常以无事，及其有事②，不足以取天下。

注释

①为道：是通过冥想或体验的途径领悟事物未分化状态的“道”。此处的“道”指自然之道，无为之道。

②有事：繁苛政举在骚扰民生。

译文

为学可以日渐增加知见，为道可以日渐除去情欲。能把为学日益的妄念去了又去，减了又减，把知欲都损尽了，便能到达无为的境界。即到了无为的境地，便与“道”同存，自然也就能无为而无不为了。无为，则何愁治理不好天下？反之，若强恃自己的智慧一意孤行，又何以能治理天下？

精彩点拨

“为学日益，为道日损。损之又损，以至于无为。”在这一句中，老子主要阐述了为学和为道的不同。他指出，为学就是坚持不懈地向外界探索新知，知识是无限的，既没有开始，也没有结束，于是我们对知识的探索也就永远没有尽头。

“无为而无不为。”这一思想贯穿老子《道德经》的始终，它是老子提出的极富智慧的命题。从表面上看，无为是消极的，是倒退的，但是从本质上来说，无为实际上是在发展变化中避开矛盾的对立面，使其畅通无阻，从而达到无欲无穷的境界。“取天下常以无事，及其有事，不足以取天下。”“取”即认识、掌握。在本章的最后，老子指出，治理国家，要经常保持清静无为的态度。如果整治措施过于繁多，就不足以治理天下了。

古为今用

天地之所以能容纳万物，是因为其中保持空虚；大海之所以不枯竭，是因为有河川源源不断地注入。为学之道也是如此，老子说“为学日益”，如何才能日益呢？一方面是每天不断进取；另一方面是保持一颗谦虚谨慎的心，体悟“逆水行舟，不进则退”的道理。“铁杵磨针”的故事大家都听过。李白小时候不爱学习，一次在嬉玩中看到一个老婆婆在磨一根铁棒，李白问她这是在做什么，婆婆说想把铁棒磨成绣花针。李白深受震动，体会到“只要功夫深，铁杵磨成针”的道理，从此发奋苦学，最后成了唐代最著名的大诗人之一。古人治学很重视这个道理。北宋诗人黄庭坚就曾说：“三日不读书，便觉语言无味，面目可憎。”懒惰是治学的第一个敌人，而自大则是治学的第二个敌人。很多人读了一些书便自以为是，自作聪明，殊不知，天外有天，人外有人，知识的海洋是永远没有止境的。只有那些时刻保持谦虚的人，才能不断提高。正如老子后面所说的“知者不知”，学识越渊博的人越知道自己的缺陷，“学然后知不足”。其实“为学”的人也时时刻刻都在“为道”。他们在不断追求纷繁的知识之时，时刻保持谦虚的心态，以及不断进取的精神，这正是“道”所具有的美好品德。

第四十九章（治国）

精彩导读

这一章讲的是圣人“德善”“德信”的境界。圣人以“大道”为根本，不因为环境和人情的改变而改变，所以对善和不善、信与不信的人都以一样的善良之心和诚信之心相待。一般人着力分辨善与不善、信与不信这些观念。圣人则打破这些分别，让人回归到淳朴的“大道”之中，即“为天下浑其心”。老子认为，圣人是没有私心的，他们不能有自己的主观意愿，而应该时刻想着百姓的意愿。只有如此，才能得善、得信，才能治理百姓，让他们回归到淳朴无欲的状态。下面我们就来汲取《老子》第四十九章的智慧吧！

原文

圣人无常心，以百姓心为心。善者吾善之，不善者吾亦善之，德善①；信者吾信之，不信者吾亦信之，德信②。圣人在天下，歙歙焉为天下，浑其心③，百姓皆注其耳目，圣人皆孩之。

注释

①德善：得到善良。德，假借为“得”。

②德信：得到可信任的。

③歙：意为吸气。此处指收敛意欲。浑其心：使人的心思化归于浑朴。

译文

圣人没有成见，而以百姓的意见为意见。百姓善良的，固然善待他们；百姓不善良的，不但不摒弃，反而更加善待他们。因为圣人是各因其性而用之，绝不失其善良，这样人人自然都会同归于善。百姓诚实的，固然要以信对待；不诚信的，更应以诚信对待，因为圣人是只守诚信，不知虚伪，唯其如此，才能化去虚伪，使人人同归于诚信。圣人治理天下是无私无欲的。在他的治理下，百姓也是朴实没有心机，因为圣人对待他们就好像自己的孩子一般地爱护，务期使他们各顺其性。

精彩点拨

“圣人无常心，以百姓心为心。”这里所说的“常心”是恒心的意思。什么是恒心？就是个人所拥有的一种持久不懈的生命意志力的具体表现。“善者吾善之，不善者吾亦善之，德善；信者吾信之，不信者吾亦信之，德信；”对于善良的人就善待，对于不善良的人也同样善待，这样圣人就得到了善良；对于守信的人就信任，对于不守信的人也同样信任，这样圣人便得到了信誉。“圣人在天下，歙歙焉，为天下浑其心”，“歙”是合、收敛的意思；“歙歙”即统治者收敛自己的意志。“浑其心”即使人的心思归于浑朴。这句话的意思是说，有道的圣人在其位，收敛自己的欲望，使天下人的心思归于浑朴。

古为今用

如果一个统治者怀有私心，掌握权力只为谋取私利，放纵私欲，那么这样的人是不配治理天下的。所以，夏桀筑倾宫、饰瑶台、做琼室、立玉门，最后被流放于南巢；帝辛建鹿台、造酒池、悬肉为林，最后自焚而死；隋炀帝大兴土木，穷游极乐，最后死于乱兵之手。而得道的统治者，乐人之乐，忧人之忧，其行而民从之，其言而民听之，待其死则人民如丧考妣。圣人不是普通的百姓，而是天下的统治者，是人们效仿的对象，百姓会将其一言一行看在眼中。统治者为善，善待百姓，百姓就会向善，社会就会和谐；统治者使用诈巧，百姓就会丧失道德廉耻，投机取巧，乱法败德，无恶不作；统治者虐待欺骗百姓，百姓也就会残暴鲜耻，为非作歹。《论语》中说的“君子德风，小人德草”，以及《大学》中说“君子有絜矩之道”都是这个道理。因此，圣人在治理天下之时，只有摒弃私欲，才能使百姓也效仿他，摒弃私欲，做到“无知无欲”“如婴孩”。

第五十章（养生）

精彩导读

这一章讲摄生保全生命的道理。生和死是很沉重的话题，很多人不敢直面这一话题，而是采取了回避的态度。生给我们带来欢喜，而死亡给我们带来阴郁。很多人谈“死”色变，但是不管我们如何惧怕死亡，死亡都不会对我们心生怜悯之心，总有一天，它会降临到我们头上，这是谁也无法避开的。所以，有出生，就会有死亡。既然如此，我们如何才能使生命尽可能长久呢？下面让我们来一起探究《老子》在本章是怎么告诫我们的。

原文

出生入死①。生之徒十有三②；死之徒③十有三；人之生，动之于死地亦十有三。夫何故？以其生生之厚④。盖闻善摄生⑤者，陆行不遇兕虎，入军不被甲兵。兕无所投其角，虎无所措其爪，兵无所容其刃。夫何故？以其无死地。

注释

①出生入死：出世为生，入地为死。

②生之徒：即长寿之人。十有三：十分之三。

③死之徒：属于夭折的一类。

④生生之厚：由于求生的欲望太强，营养过剩，因而奉养过厚了。生生，养生。

⑤摄生：指养生之道，即保养自己。

译文

在人的一生中，生存的途径占十分之三，死亡的途径占十分之三，为了生存而碌碌多为，结果反而陷入死亡的途径也占十分之三。这是什么缘故？实在是因为越看重肉体，越保不住它啊！听说善养生的人在陆上行走，遇不见攻击的老虎；在军中作战，碰不到杀伤人的兵刃。因此，犀牛虽凶悍，却无法以角来攻击；虎虽勇猛，但爪子也没了用处；刀刃虽利，却难以使用。这乃是因为善养生的人绝不进入致死的境地。

精彩点拨

“出生入死。”“出”即出现于世上，也就是出生的意思；“入”即入于地下，也就是死亡的意思。“生之徒，十有三；死之徒，十有三”，“生之徒”即长寿的人，“死之徒”即短命的人。老子接着解释道：“人之生，动之死地，亦十有三。”他认为，在所有人之中，原本可以长寿，但是由于自己的缘故而早亡的占了十分之三。所以，一个人只要坦然地面对人生道路上的艰难险阻，即使遇到危险，也无所畏惧，这样才算是没有分别之心，也就真正懂得了养生之道。老子希望人们能够达到少私寡欲、淳朴自然的境界，于是提出了清静无为、恪守道的原则，合乎道的德行的主张。老子认为，如果一个人的行为不合乎道的德行，就会害人害己，这是造成人寿命变短的人为因素，也是人们应该极力避免的。

古为今用

天生万物，有朝夕而亡的，有千年而不朽的；人生在世，有长命百岁的，有夭折早逝的。在本章中，老子就说“生之徒，十有三”，即真正能算得上长寿的也不过十之三四而已。那么，为何人人都向往长寿，而大部分人却不能长寿呢？老子认为主要有两个原因：一是动之于死地，即行动不慎自取灭亡；二是生生之厚，即过于爱惜生命，反而适得其反。如果一个人爱惜生命，一定不能被眼前的利益、欲望所迷惑。古人云：“君子甚患无故之利。”孔子说：“危邦不入，乱邦不居。”孟子说：“君子不立于危墙之下。”这些都是告诫人们要知道远离危害，谨守善地。但历史上无数人为虚名而入死地，为权力而入死地……还有些人因为过于爱惜生命，最后却适得其反。比如，成天吃大鱼大肉、成天喝营养饮料的人，其身体往往不如吃粗茶淡饭、饮白开水的人。养生应该顺应身体的自然规律，过分的营养、呵护不仅不会带来好处，反而会伤害人的本性，损害人的身体。

第五十一章（论道）

精彩导读

“道”生长万物，“德”养育万物，但“道”和“德”并不干涉万物的生长繁衍，而是顺其自然。万物长成以后，又不居功，“生而不有，为而不恃，长而不宰”。统治者也应效法“道”：一方面要求能够不妄为，无为而治；另一方面能够“不居功”，让百姓觉得“我自然”。如此才能得到人民的尊重、敬爱。下面让我们一起来看看老子在本章中是怎么阐述这一哲理的。

原文

道生之，德畜之，物形之，势①成之。是以万物莫不尊道而贵德。道之尊，德之贵，夫莫之命而常自然。故道生之，德畜之，长之育之，亭之毒之，养之覆之②。生而不有，为而不恃，长而不宰，是谓玄德③。

注释

①势：万物生长的自然环境。

②养：爱养、护养。覆：维护、保护。

③玄德：即上德。它产生万物而不据为己有，养育万物而不自恃有功。

译文

“道”为天下之母，所以万物皆从“道”生，随之便有了蓄养之德；既生既蓄，物才能为物；物既为物，自然就有了貌象声色；物既成形，则形形相生，产生了无穷尽的万物，这一切乃是由一个名叫“势”的力量在其中操纵。万物既从道生，所以莫不尊道；既爱德蓄，所以莫不贵德。但是“道”虽尊，“德”虽贵，却不自以为尊，自以为贵。它施于物的并不是有心命物，而是让物各自为生，各自为蓄。所以说，“道”虽化生万物，

“德”虽蓄养万物，虽长育、安定、覆养万物，却是化生而不为己有，无所不为而不恃己能，长养而不自以为主宰。像这样微妙深远的力量就是玄德了。

精彩点拨

在现实生活中，任何人都无法躲避别人有意或无意的伤害。如果我们因为怨恨曾伤害过我们的一个人而怨恨起整个社会来，我们就会变得愤世嫉俗、心胸狭窄起来。以充满仇恨的眼睛看社会，势必会影响我们的判断力。在这个世界上，任何人都不是完美的，谁能保证从未伤害过人呢？既然我们也曾伤害过别人，又怎能奢望不被别人有意或无意地伤害呢？当我们的付出和回报不能画等号时，一定要冷静地看待得与失，不要因为得不到足够的回报而心生怨恨。在这一章中，老子阐述了只知付出而不求回报的思想，这一处世哲学充满了智慧，对于我们每个人来说都是有益的教导。

古为今用

老子指出“道”和“德”之所以可以受到人们的尊重，是因为它们抚养万物、保护万物，却不将功业据为己有。世界上最大的德行就是默默进行、不求回报地付出。因为天地覆育万物、承载万物，从来不要求生活在其中的生物给它们什么回报，所以人们敬畏天地自然，对它们充满了无尽的崇拜；因为父母抚育子女、保护子女，从来不要求子女有什么回报，所以世人都知道父母是最亲近的人，是最应该得到尊重的人。真正行善的人是从来不求回报的。他们为善的唯一目的就是帮助别人，让这个世界变得更加美好。整个世界都美好了，生活在其中的人谁不会受益呢？即使他们不想得到回报，那么可以吗？

第五十二章（修身）

精彩导读

这一章讲在立身处世中复归于“大道”的方法，并阐释了“道”为天下万物之母的道理。天下自然万物的生长和发展有一个总的根源——母，即作为万物本源的“道”，它是世间规律的共性方面。“道”又衍化出事物的不同方面——子，即世间规律的个性方面。人应该从万物变化中去追索其共性，把握最基本的原则。同时也应该认识到它们的个性，而不至于僵化、教条。这样才能“既知其子，复守其母，没身不殆”。下面让我们一起来研讨《老子》第五十二章的哲理吧！

原文

天下有始①，以为天下母②。既得其母，以③知其子；既知其子，复守其母，没身不殆。塞其兑，闭其门，终身不勤④。开其兑，济其事，终身不救。见小曰明，守柔曰强。用其光，复归其明，无遗身殃⑥；是为习常。

注释

①始：本始，此处指“道”。

②母：根源，此处指“道”。

③以：则。

④勤：劳作。

⑤不救：不可救药。

⑥无遗身殃：不给自己带来麻烦和灾祸。

译文

天地万物都有本源，这个本源就是“道”；“道”创生天地万物，所以也是天地万物之母。既能认知天地万物之母的“道”，就可以认识天地万物，既能认识天地万物，又能守持这个创造天地万物的“道”。那么，终身就不会遭到伤害。若以“道”为依归，便不可妄用聪明，而是应该守其母，知其子，这样一来，虽万物纷纭于前，也可相安无事，终身不劳；若妄用自己的聪明，专恃自己的才能，就无可救治了。能看见微小的道体叫作“明”，能守住柔弱的道体叫作“强”。运用自己的智慧之光，返回到原来的明，不给自己遗留灾祸，这叫作合于常道。

精彩点拨

“天下有始，以为天下母。既得其母，以知其子；既知其子，复守其母，没身不殆。”老子认为，天下万物都有一个开始，而这个开始就是所谓的“道”。我们可以把“道”比作生养万物的母亲，而把万物比作“道”的孩子。“塞其兑，闭其门，终身不勤。开其兑，济其事，终身不救。”这句话可以解释为把自己的感觉器官——口耳鼻全部都关闭起来，把自己的心门也封闭起来，一辈子不见任何人和事物了。在这里，老子要人们堵塞五色、五味、五音进入身体的通道，这里的堵塞并非不吃、不看、不听，而是要堵塞诱惑人们灵魂堕落的通道。如果不堵塞满足欲望的通道，人们就会受到惩罚。在本章的最后，老子又指引我们去追寻“大道”。任何人都知道母亲的怀抱是最温暖的，任何人也都希望投入母亲的怀抱，因此老子顺了我们的心愿，为我们指明了方向。

古为今用

耳朵的听觉、眼睛的视觉、鼻子的嗅觉、嘴的味觉、身体的触觉、心的思考能力都是“光”。“光”与事物相接触，事物有离开、消失的时候，内心的清明却没有减损，所以能够应付万物的各种变化而没有穷尽，祸患从不临到他的头上。所以这种品质深远、永久，传承而不断绝。“既得其母，以知其子；既知其子，复守其母，没身不殆。”“母”即是万物本源之“道”，是普遍性、共性；“子”即万事万物运行规则之“道”，是特殊性、个性。老子在此指出了共性与个性之间的关系。共性中产生个性，个性中蕴含有共性；掌握了共性，可以推测出个性，掌握了个性，可以总结出共性。世人既要认识到世间规律的共性方面，也要认识到其个性的不同，如此才能“没身不殆”。你明白了吗？

第五十三章（砭时）

精彩导读

在本章中，老子重点从反面论述了“道”，即从与“大道”相违背的小径的角度反衬出“大道”的重要性。统治者的欲望无度造成了人民的苦难，造成了世界上的不公平。老子揭露了一些社会上存在的矛盾现象，对那些违道害民的统治者进行了严厉批判，并指出盘剥残害百姓有如大盗。那么，《老子》是怎样阐述观点的呢？下面让我们一起来探究《老子》第五十三章吧！

原文

使我介然有知①，行于大道，唯施②是畏。大道甚夷③，而民好径④。朝甚除⑤，田甚芜，仓甚虚，服文彩，带利剑，厌饮食⑥，财货有余，是谓盗夸。非道也哉！

注释

①我：指有道的圣人。老子在这里托言自己。介然有知：微有所知，稍有知识。介，微小。

②施：通“迤”，邪行、斜行。

③夷：平坦。

④径：邪行。

⑤朝甚除：朝政非常败坏。

⑥厌饮食：饱得不愿再吃。厌，饱足、满足。

译文

假若我稍微有些认识，那么，行于大道时，必定小心谨慎，唯恐走入邪路。奇怪的是，大道如此平稳，而人君却喜欢舍弃正路，去寻小径邪路前行。因为人君不遵守大道，结果才使朝政腐败污乱，田地非常荒芜，仓廪非常空虚。此外，他又外服锦绣文彩来修饰外表的美观，身带利剑来夸耀自己的强悍，一心只知目前的享受，只顾自己财货有余，而不思考往后的艰难岁月。这样的人君真可称为强盗头子，同时也必然教人民为盗。教人为盗的不合乎大道，这是在自取灭亡啊！

精彩点拨

“朱门酒肉臭，路有冻死骨”，自古以来，世事皆然。老子正是看尽了世间的不公与人民的苦难，才发出了“非道也哉！”的哀叹。可是世上的统治者，大多不是这样的，他们不坚守“大道”，反而专行邪僻小路，因为自己的贪欲而残害百姓，因为自己的妄为而危害百姓。他们劳废民力修建高墙华屋，将自己的宫殿打扫得干干净净，却任由百姓的田地荒芜；他们自己剥夺无数的财宝珍玩，却让百姓的粮仓空罄；他们自己锦衣玉食、美酒佳肴，百姓却衣不蔽体、食不果腹；人君游乐无度，甚至为了满足自己的欲望而肆起干戈，而百姓却哀鸿遍野。老子愤怒地形容这些不知“大道”的统治者，说他们不是民之父母，而是窃国大盗。

古为今用

在《道德经》中，老子反复告诫人们无论是做人，还是做事，都要遵循“道”，也即要走平坦的大道。其具体表现便是清静无为，克制自己的私欲，贵柔守雌，居下不争，做事顺应事物的本性和规律，不强行妄为。如此，便是走在了大道上。而相反地，过分放纵自己的欲望，对财富、名声过分贪婪，恃强凌弱，使用机巧追逐名利，违背道德，违法犯罪，舍本逐末，等等，则是走在了邪径上。而看一下我们的现实，可以说，有几个人真的是走在大道上呢？可以说，几乎所有人都或多或少地偏离了大道。之所以如此，是因为虽然大道平坦易行，只要默默地走下去便可以到达目的地，但人们却总觉得平淡无奇、不刺激，没有激情，于是偏喜欢刺激、冒险、另辟蹊径，自以为能比别人更快地到达目的地。其具体表现便是世界上的人都喜欢耍小聪明，凡事投机取巧走捷径。而其结果轻则搬起石头砸自己的脚，重则给自己带来大祸。你身边有这样的人吗？

第五十四章（修身）

精彩导读

在这一章里，老子重点突出了“修”和“观”的意义。“修”指的是修身，这是一切事业的根本。只有身修好了，才可以把这种德扩展到一家、一乡、一邦，乃至整个天下。“观”就是观察推测的意思。天下所有事物的道理都是一样的，从己身可以推知他身，从己家可以推知他家。如何判断天下是否有德？老子通过“善建”“善抱”之道来说明“道”与“德”的重要性，阐述了“道”是为身、为家、为乡、为邦、为天下的根本。下面让我们一起来学习《老子》第五十四章吧！

原文

善建者不拔，善抱①者不脱，子孙以祭祀不辍。修之于身，其德乃真；修之于家②，其德乃余；修之于乡，其德乃长③；修之于国，其德乃丰；修之于天下，其德乃普。故以身观身，以家观家，以乡观乡，以国观国，以天下观天下。吾何以知天下然哉？以此。

注释

①抱：抱住、固定、牢固。

②家：家庭。

③长：尊崇。

译文

天下有形的东西容易被拔去，有形的执着容易被取走，唯有善于建德持道的人，建于心，持于内，也就不能被拔去取走。若世代能遵从这个道理而行，则社稷宗庙的祭祀必将代代相传，香火不绝。拿这种道理贯彻到修身，必定内德充实，不需外求；自身既具备了

“道”，再贯彻到治家，则必德化家人而有余；以此德性贯彻到治乡，必能德化乡人而受尊崇；再贯彻到邦国，必能德化邦国而丰盛；以之贯彻到天下，也势必能普遍地德化天下人。德行既修，便可以以身观照各人，以我一家观照其他各家，以我一国观照其他各国，以我现在的天下观照现在和未来的天下。至于谈到我何以能够知道天下的情况也就是这个道理了。

精彩点拨

“善建者不拔，善抱者不脱，子孙以祭祀不辍。”老子提倡自然无为，反对任何对人禁锢的社会形式。在老子活动的时代，孔子聚徒讲学，其弟子三千，是第一个“善抱者”（即聚徒讲学的人）。“修之于身，其德乃真；修之于家，其德乃余；修之于乡，其德乃长；修之于国，其德乃丰；修之于天下，其德乃普。”“故以身观身，以家观家，以乡观乡，以国观国，以天下观天下。吾何以知天下之然哉？以此。”在这段话中，老子讲了检验“修身、齐家、睦邻、治国、平天下”是否合乎自然无为之德的方法。老子认为，以修之身作为检验身的标准，以修之家作为检验家的标准，以修之乡作为检验乡的标准，以修之国作为检验国的标准，以修之天下作为检验天下的标准。这样，统治就会长久，天下就会安定。

古为今用

一提到中国古代的明君，很多人会立刻想到唐太宗李世民，这位“贞观之治”的缔造者被所有后世的皇帝视作典范，连乾隆皇帝都对其钦佩不已。李世民登基以后，采取以民为本的政策，广开言路，虚心纳谏，减轻税负，厉行节俭。

一次，唐太宗与群臣议论怎样禁止盗贼。有的人请求使用严厉的刑法来禁止他们。唐太宗听了，微笑着说:“老百姓之所以去做盗贼，是由于赋税太多，劳役、兵役太重，官吏们又贪得无厌，老百姓吃不饱，穿不暖，这是切身的问题，所以也就顾不得廉耻了。朕应当去掉奢侈的花费，节省开支，减轻徭役，少收赋税，选拔和任用廉洁的官吏，让老百姓穿的、吃的都有富余，那么他们自然就不会去做盗贼了，怎么能用严厉的刑法呢!”按这样实行以后，天下太平，路不拾遗，夜不闭户，商人和旅客可以露宿而不用担心安全问题。对此，你有何感想呢？

第五十五章（修身）

精彩导读

本章重点说的是人的最佳状态。人的最佳状态，即一个人把无为大道修炼到所能达到的最高境界，也就是进入到“无我”的赤子状态。在本章中，老子以极其夸张的手法把得道之人比喻成了赤子，这是因为赤子无我、无为、无欲，不会伤害任何事物，所以也不会招致来自外物的伤害。老子告诫人们要保持心灵凝聚和谐的状态，如果纵欲贪生，使气逞强，就会早亡。让我们一起来领略《老子》第五十五章的智慧吧！

原文

含德之厚，比于赤子。蜂虿虺蛇不蛰，猛兽不据①，攫鸟②不搏。骨弱筋柔而握固。未知牝牡之合而全作，精③之至也。终日号而不嗄④，和之至也。知和曰常，知常曰明。益生⑤曰祥，心使气曰强。物壮则老，谓之不道，不道早已。

注释

①不据：不扑。据，兽类用爪、足攫取物品。

②攫鸟：用脚爪抓取食物的鸟。

③精：精气。

④嗄：嗓音嘶哑。

⑤益生：纵欲贪生。指贪求生活享受。

译文

含德深厚的人可以和天真无邪的婴儿相比。所以毒虫见了不螫他，猛兽见了不伤他，鸷鸟见了不害他。虽然他的筋骨很柔弱，但握起小拳来却是很紧。他并不知雌雄交合的事情，但其小生殖器却常常勃起，这是因为他的精气充足的关系；他终日号哭，嗓子并不沙哑，这是因为他元气醇和的关系。调理相对的事物叫作醇和，认识醇和的道理叫作常；常是无所不至，所以认识它就叫作明。以常道养生，含德自然是最厚。若不以常道养生，纵欲不顺自然，不但没有好处，反会招来祸患。欲念主使和气就是刚强，刚强总是支持不了多久的。道是以柔为强，若是勉强为强，便是不合乎道，这就叫作物，物由壮至老，由老至死，便是因为它强为道的缘故。因此，真正道的强，柔弱冲和，比如赤子，任何东西都加害不了他的。

精气神

精彩点拨

“含德之厚，比于赤子。”刚刚诞生的婴儿无知无欲，除了满足本能的需求之外，根本不知道自己需要什么，所以他没有贪念，也没有欲望。只有修炼得道的人才能像婴儿那样无欲无求，心无杂念。老子认为，对于得道之人来说，即便是毒虫、猛兽和恶鸟，也不能伤害他。“终日号而不嗄，和之至也”，婴儿即便是高声长号，也不会口干舌燥、声音沙哑。这是什么缘故呢？这是因为他还处于无为的状态之中。虽然这种状态看起来不够强大，却是生命力顽强的标志，是身体里中和之气充足的象征。因此，老子称这种状态为理想的生存状态。这种理想的生存状态并不是任何人都能拥有的，只有潜心修炼大道，使自己的行为合乎大道，才能达到最佳的生存状态。

古为今用

“物壮则老，谓之不道，不道早已。”在本章的最后，老子说道：“事物过分强壮便会走向衰老，这叫作违反了道的法则，不遵守常道就会很快消亡。”其实这句话揭示的是一种客观规律。我们知道，任何事物发展到极致都会朝着相反的方向转化，这就是人们常说的物极必反。如何理解老子的这句话呢？在老子看来，人类的例子便是最有力的证据：婴儿无欲无求，不会伤害到任何事物，也就不会遭到任何事物的伤害，从而处于绝对的安全之中。但是，随着年龄的不断增长，有了思想和意识，于是产生了私欲，开始变得贪婪起来，如果不对此加以节制，就会变得多疑和患得患失，于是各种恶劣的情绪也就随之而来了，这时，痛苦和烦恼使人丧失了生活的勇气，这样必然会导致人们过早地衰亡。本章中蕴含的“物极必反”的理论说的是任何事物的发展都有一个限度，一旦超过了这个限度，就会朝着它相反的方向转化，如果事物强壮到极点，就必然会走向衰亡。我们做任何事情都要掌握一个度，要适可而止，不然就会走向反面。我们可以在生活中去感悟老子的智慧。

第五十六章（治国）

精彩导读

本章讲的是修德的方法，重点突出了“玄同”两个字，即把握住“道”的中心思想，不参与世俗的争辩及竞争。聪明的智者不多说话，而到处说长论短的人是不聪明的。人们应像“道”一样，谦卑虚静，如此便可以超脱亲疏、厉害、贵贱等世俗范畴，为天下所重。下面让我们一起来看看老子是如何阐述这一哲理的。

原文

知者不言，言者不知。塞其兑，闭其门；挫其锐，解其纷；和其光，同其尘，是谓玄同。故不可得而亲，不可得而疏；不可得而利，不可得而害；不可得而贵，不可得而贱；故为天下贵。

译文

智者晓得道体精微，所以不任意向人民施加政令；好施加政令的人就不是智者。塞绝情欲的道路，关闭情欲的门径，不露锋芒，消解纷扰，含敛光耀，和尘俗同处，这就是玄妙的齐同境界。修养能达到这种境界，就不分亲疏，不分利害，不分贵贱。能够超越这种亲疏、利害、贵贱的才是天下最为尊贵的人。

精彩点拨

“知者不言，言者不知。”在这一章中，老子向我们展示了一个真正的智者形象。怎样才算是真正的智者呢？在老子看来，真正的智者决不会夸夸其谈以显示自己的高明和睿智，他们会时刻保持缄默，永远站在低处仰视他人、俯瞰自己，表现出谦逊而随和的特征。老子说，真正高明和睿智的人是不随意夸夸其谈、口无遮拦的，只有那些毫无知识和头脑简单的人才会试图通过侃侃而谈来显示自己的聪明才智。然而，他们不会想到，这种夸夸其谈恰恰表明了自己的无知和愚笨，于是老子对这种人进行了严厉批判。老子站在现实的环境中，不但批判当时的统治者，还警示普通的世人，告诫他们应谦逊随和，不要夸夸其谈。那么怎么才能做到这一点呢？“塞其兑，闭其门；挫其锐，解其纷；和其光，同其尘，是谓玄同。”也就是要塞住嗜欲的孔，关闭嗜欲的门户，挫掉锋芒，消解纠纷，含敛光耀，浊同尘世。“故不可得而亲，不可得而疏；不可得而利，不可得而害；不可得而贵，不可得而贱。故为天下贵。”“贵”是动词，是贵重的意思。老子指出，达到“玄同”境界的人已经超脱亲疏、利害、贵贱的世俗范围，于是为天下人所尊重。

古为今用

尽管我们与老子生活在不同的时代，但是我们有一点是相同的，即人都是有欲望的，而且人们都难以克制自己的私欲。在本章中，老子站在时代的起点上高瞻远瞩，客观地分析了人的本性，这对我们来说依然具有很重要的意义。例如，有人认为，在这个物欲横流的时代里，如果只是一味地聚敛光芒，而不能及时把自己的才华展现出来，就会为时代所掩埋。所以，他们逢人便大肆宣扬自己，夸赞自己的能力和才华。其实，这是没有必要的。有句话说得好：“是金子总会发光”，只要你有才华，在哪里都会显现出来的，大可不必费尽心思地夸夸其谈。在前面我们也曾说过言语具有局限性，言语不能穷尽我们真实的想法。于是老子得出了一个结论：真正有知识和智慧的人不会高谈阔论，只有那些没有知识和智慧的人才会夸夸其谈。

第五十七章（治国）

精彩导读

在前面的章节里，老子曾经多次提到过无为而治的思想。本章的主旨仍是无为而治。老子认为，如果统治者能够无为、好静、无事、无欲，那么人民就会因为受到盛德的感化，自然而然地走上正道，既生活富裕，又淳朴善良。老子以“天下多忌讳，而民弥贫；人多利器，国家滋昏；人多技巧，奇物滋起；法令滋彰，盗贼多有”反证应以“无事取天下”，继续强调清静无为的治国之道。下面让我们一起来研究《老子》第五十七章所蕴含的哲理吧！

原文

以正治国，以奇①用兵，以无事取天下。吾何以知其然哉？以此：天下多忌讳，而民弥贫；人多利器②，国家滋昏③；人多伎巧，奇物④滋起；法令滋彰⑤，盗贼多有。故圣人云：“我无为而民自化；我好静而民自正；我无事而民自富；我无欲而民自朴。”

注释

①奇：奇巧、诡秘。

②利器：锐利的武器。

③昏：混乱。

④奇物：邪事、奇事。

⑤滋彰：越渐显明周密。

译文

用正道的原则治理国家，用奇诡的战术对外用兵，用清静无为的策略来掌握天下，我何以知道会这样呢？只要从正面几个无为而治的反面情形来看，就可明白其中的道理。天下的禁忌太多，人民动辄得咎，无所适从，便不能安心工作，生活便陷于困苦。政府的权谋越多，为政者互相勾心斗角，国家就越陷于混乱。在上位者的技巧太多，人民起而效尤的结果，智伪丛生，邪恶的事层出不穷。法令过于严苛森严，太过束缚人民的自由，人民谋生困难，盗贼就越来越多。因此，圣人有见于此，便说道：“我无为，人民便自我化育；我好静，人民也自己走上轨道；我无事，人民便自求多福；我无欲，人民也就自然朴实。”

精彩点拨

本章以“以正治国”开头，“正”指的是清正无为，这也是老子的治国方略。“正”在中国传统文化中有着独特的意义。再来看“以奇用兵”的思想。老子认为，用兵就应该采用非常规的战术，用“奇法、奇谋、奇计”去迷惑对方，从而达到出奇制胜的效果。老子认为，人民的本性是善良的，除非万不得已，他们决不会惹是生非。人民之所以发动暴乱，主要是因为统治者做出了暴虐的行为。“故圣人云：‘我无为，而民自化；我好静，而民自正；我无事，而民自富；我无欲，而民自朴’。”在这几句话中，老子引用得道明君的话来重申自己的观点。在他看来，得道明君之所以能够治理好天下，就是因为他们“无为”“好静”“无事”“无欲”。所以，只要统治者以无欲、无为来治理天下，就能实现国泰民安。

古为今用

“以正治国”和“以奇用兵”的思想是老子站在民众的立场上对当时的统治者提出来的。春秋时代，兼并战争此起彼伏，社会秩序异常混乱，而人民也处在极度危险的环境之中，于是他们拿起武器来保护自己。然而，一旦每个人都拥有了武器，人民就不再感到安全了。人民不安全就会陷入恐慌，这种心理正是导致天下大乱的重要原因。由此可见，天下之所以不安定，其实是与统治者密切相关的。但是，当时的统治者为了安定天下、震慑人民，大都主张施行严刑峻法，老子对此很不赞同，甚至公开反对这种滥用国家机器的行为。在他看来，严酷的刑罚不但无法安定人心、稳定社会，还会起到反作用，于是他主张无为而治的治国方略，强调感化的力量。

第五十八章（治国）

精彩导读

在上一章中，老子论述了应“以无事取天下”，以及对统治者的要求：“无为”“好静”“无事”“无欲”。本章则从不同的治理方式下人民的表现和事物间对立转化的自然规律方面进行论证，提出统治者要“不割”“不刿”“不肆”“不耀”。政治宽厚，人民就淳朴；政治苛酷，人民就狡黠。宇宙的矛盾都是对立转化的，统治者应方正而不生硬，有棱角而不尖锐，直率而不放肆，光亮而不刺眼。在老子看来，祸福、正奇及善恶并不是绝对不变的，一旦时空条件发生改变，那么它们往往也会朝着相反的方向转化。因此，做任何事情都要适可而止。下面让我们一起来感悟《老子》第五十八章的智慧吧！

原文

其政闷闷[①]，其民淳淳[②]；其政察察[③]，其民缺缺[④]。祸兮福之所倚；福兮祸之所伏。孰知其极？其无正。正[⑤]复为奇，善复为妖。人之迷，其日固久。是以圣人方而不割，廉而不刿，直而不肆，光而不耀。

注释

①闷闷：昏昏昧昧的状态，有宽厚的意思。

②淳淳：淳朴厚道的意思。

③察察：严厉、苛刻。

④缺缺：狡黠、抱怨、不满足之意。

⑤正：此处为标准、确定。

译文

治国者无为无事，一国的政治看似混浊，其实人民因生活安定，其德反而淳厚。治国者有为有事，一国的政治看似条理分明，其实人民因不堪束缚，其德反而浅薄。灾祸的里面未必不隐藏着幸福；在幸福里面也未必不潜伏着祸根。这种得失祸福的循环是没有定数的，谁能知道它的究竟呢？就好像那本是正直的东西，突然间竟变作了虚假；那本是善良的东西，突然又化作邪恶一样。世人看不透这个道理，每每各执己见，作为是非取舍的标准。他们陷在这往复循环的圈子里不能自拔已为时很久了，唯独得道的圣人才能跳出这个圈子，能无为而为，以无事为事，方正而不刺人，锐利而不伤人，直率而不放肆，光亮而不耀眼，既伤不到自己，也伤不到别人。

精彩点拨

人们都希望自己能明察秋毫，对于任何事都弄得明明白白的。但“水至清则无鱼，人至察则无徒”，如果一个人过于精明、过于较真，就会让自己显得锋芒毕露，就会没有朋友，甚至弄得没有人愿意接近，愿意与其打交道。尤其是一个统治者、领导者不能过于“精明强干”，不能过于“明察秋毫”，一定要给手下一定的自由空间，让他们能够自由地发挥，当他们犯了错误，一定要有包容之心，不能过于苛刻。领导者应该能心胸若渊，容纳不同的人、不同的事，同时也包括一些缺点和不好的现象，做到“方而不割，廉而不刿，直而不肆，光而不耀”。只有懂得“泰山不让土壤，故能成其大；河海不择细流，故能就其深”之道理的人才能够集天下贤才而用之。你明白了吗？

古为今用

在本章中，老子提出了一个很重要的哲学命题：“祸兮，福之所倚；福兮，祸之所伏。”这句话旨在告诉我们一个道理，即灾难和幸福是相依相随的，谁也不能脱离对方而独立存在。我们都知道“塞翁失马，焉知非福”的典故：一个老者失马复得，人们前来道贺，他并不认为这是好事。后来他的儿子从马背上摔下来，人们前来安慰，他也不认为这是坏事。所以并不感到悲伤。几天之后，官府前来征兵，他的儿子因摔伤而没有被征走。这则典故很好地诠释了老子的观点。由此可见，福和祸没有绝对的界限，为祸福而快乐或悲伤都是不明智的。所以，对于灾难和幸福，我们要学会坦然地面对，要做到“不以物喜，不以己悲”，这才是人生的大境界。你接受这个观点吗？

第五十九章（修身）

精彩导读

本章重点讲的是“治人事天”的原则，并提出了实现这一原则的具体方法，即“啬”，也就是收敛、退藏，保持虚境。老子认为，只要能够做到啬，就能抓住治人事天的根本。爱惜是生命，乃至国家长久保持的根本。只有积累雄厚的德，才能够统治百姓，治理天下。有了德，也就接近了“道”。一个国家有这样的统治者，才能长久维持。下面让我们一起来研讨《老子》第五十九章所赋予的哲理吧！

原文

治人事天莫若啬①。夫为啬，是谓早服②。早服谓之重积德③。重积德则无不克，无不克则莫知其极。莫知其极，可以有国。有国之母④，可以长久。是谓深根固柢，长生久视之道。

注释

①啬：爱惜、保养。

②早服：早做准备。

③重积德：不断地积德。

④有国：执掌国家政权。母：根本、原则。

译文

治理国家、修养身性，最好的方法莫过于爱惜精神、节省智识。因为只有爱惜精神、节省智识，才能早做准备；早做准备就是不断地积德；能够积德，就没有什么不能胜任的；既然没有什么不能胜任的，就无法估计他的力量；无法估计他的力量，就可以担负保家卫国的责任。掌握了治理国家的道理，就可以长久站稳。这就是“根深固柢”“长生久治”的长久之道。

精彩点拨

“重积德则无不克；无不克则莫知其极”，这两句话指出了积累德行所能达到的境界。其中，“无不克”指的是无所不胜，能战胜一切。只有做到物资充足、人民安定、社会和谐、领导者高瞻远瞩，这个国家才能战无不克。实际上，“无不克”是广义上的，它并非专指战争，还指各种困难和挫折。如果一个人能够做到无不克，他必然是高深莫测的，人们也就无法揣测他的思想深度了。什么是“有国之母”？“母”喻指生育万物的大道，也可喻指事物的根本，“有国之母”可以理解为“有了国家作为立身的根本”，这是就统治者而言的。紧接着，老子很自然地推出了“可以长久”的结论。

古为今用

“治人事天，莫若啬。”“啬”并不是吝啬、抠门，而是节俭、爱惜，即管理百姓、治理天下没有比节俭、爱惜更重要的了。老子提倡无为而治的思想，主张人保持心灵空虚、回归朴实纯朴。在治国之上要“啬”，一方面不要浪费民力，不要铺张浪费，不要兴土木，搞形象工程；另一方面要精简礼仪，不妄下法令，避免冗政酷吏对百姓的骚扰。同理，在修身上也要“啬”，不能放纵自己的贪欲，而是应保持朴素节俭的生活，不要沉迷于难得之货、驰骋畋猎，而是应回归于平淡。“夫唯啬，是谓早服；早服谓之重积德。”为什么说只有节俭、爱惜才是早做准备的行为呢？老子在前面刚刚说到“祸福相依”的道理。生活是在不断变化的，一个人只有爱惜、节俭，才有可能在忽然陷入的灾祸中得以保全，才不会被忽然而来的危机所击倒；一个统治者，只有平时爱惜人民、节俭国力，才能在国家的危难中不被人民抛弃。故而《易经》说“君子以俭德避难，不可荣以禄”。你怎么看待这一观点呢？

第六十章（治国）

精彩导读

这一章主要讲“道治”的境界。天地间有阴阳二气，掌管阳气的称为“神”，掌管阴气的则称为“鬼”，圣人依照“道”的法则来治理天下，使阴阳交融成一团和气，于是鬼神就不能发挥作用了。不但鬼神不能发挥作用了，就连治世的圣人也好像无所作为，一切事情的成功都是自然而然的，这便是道治的境界。“治大国，若烹小鲜”的比喻就是告诫统治者要懂得为政的关键在于安静无为，要小心谨慎，节俭、爱惜民力，不能乱发政令扰乱人们。如果以个人的主观愿望去改变社会，朝令夕改、朝三暮四，百姓就会无所适从，国家就会动乱不安。下面让我们一起来领会《老子》第六十章的智慧吧！

原文

治大国若烹小鲜①。以道莅②天下，其鬼不神③。非④其鬼不神，其神不伤人。非其神不伤人，圣人亦不伤人。夫两不相伤⑤，故德交归焉。

注释

①小鲜：小鱼。

②莅：临。

③其鬼不神：鬼不起作用。

④非：不仅。

⑤两不相伤：鬼神和圣人不侵越人。

译文

治理大国好像烹小鱼，不能常常翻动，如果常常翻动，小鱼就会破碎；不可以朝令夕改，过于多事，否则人民不堪其扰，便会把国家弄乱。但是只有“有道的人”才能做到这个地步。有道的人临莅天下，清静无为，物各得其所，鬼神各有其序。这时，不仅鬼不作祟伤人，神也不伤害人；不仅神不伤人，就是圣人也不伤人，鬼、神、圣人都能做到不伤害人，人民便能安居乐业，勤勉修德了。

精彩点拨

“治大国，若烹小鲜”是一个极其形象的比喻。烹煎小鱼，必须小心翼翼，而且不能经常翻动，用刀铲乱翻与乱搅，鱼就碎了。统治者治理国家也是一样，要懂得为政的关键在于安静无为，要小心谨慎，节俭、爱惜民力，不能乱发政令扰乱人们。如果以个人的主观愿望去改变社会，朝令夕改、朝三暮四、忽左忽右，老百姓就会无所适从，国家就会动乱不安。

古为今用

“以道莅天下，其鬼不神；非其鬼不神，其神不伤人；非其神不伤人，圣人亦不伤人。夫两不相伤，故德交归焉。”就老子的观点来看，如果一个时代呈现出阳气鼓荡的特征，或是一个人的身上充满了活力和朝气，那么我们便难以发现鬼神的踪影；如果一个时代呈现出阴气凄迷的特征，或是一个人的身上充满了颓废之气，那么鬼神就会莅临。老子的鬼神观颇寓有现代精神。老子认为，道是正气伸张的表现，它不但能压倒一切邪气，还能使充满邪气的鬼神没有立足之地，甚至使其丧失奇异怪诞的功能。于是在大道面前，鬼神也就不敢胡作非为了。老子从人类的本性出发来考察欲望，这在今天依然具有重要意义。遵循自然大道，竭力克制自己的欲望，这就合乎了道德的标准。遵循了道德，鬼怪也就失去了威力，也就无法伤害人类了。人类无忧无虑，在自然界中自由自在，与天地和谐相处，一切都是自自然然、和和美美的。老子所塑造的和所向往的可以成为现实吗？

第六十一章（治国）

精彩导读

在这一章中，老子提出了作为一个大国在对待别的小国时应持有的态度，即“处静、处下”，内在的道理即前面所说的“弱者道之用”。春秋乱世，战争不断，老子目睹了这种兼并战争给世人带来的痛苦，于是提出了大国、小国之间和平共处的政治主张。在老子看来，战争主要来源于大国，只有大国能谦卑自处，不恃强而凌弱，不以大而欺小，甘居下流，才能天下交归。下面让我们一起来了解《老子》第六十一章的思想内容吧！

原文

大国者下流①，天下之交，天下之牝。牝常以静胜牡，以静为下②。故大国以下小国，则取③小国；小国以下大国，则取大国。故或下以取，或下而取。大国不过欲兼畜人④，小国不过欲入事人⑤。夫两者各得其所欲，大者宜为下。

注释

①下流：比喻奔赴之处。

②下：谦下。

③取：借为“聚”。

④兼畜人：网罗别人听其指挥。

⑤入事人：依附别人赖其支持。

译文

人类能否和平共处，实系于大国的态度。大国要像江海居于下流，才为天下所归。天下的雌性动物常以柔弱的定性胜过刚强躁动的雄性动物，这是由于静定且能处下的缘故。因此大国如能对小国谦下有礼，自然能取得小国的信任，而甘心归服；小国若能对大国谦下有礼，自然也可取得大国的兼蓄，而对它平等看待。无论是谦下以求小国的信任，还是谦下以求大国的重视，都不外乎兼蓄或包容对方。故而为了达到目的，两国都必须谦下为情。但是最要紧的还是大国应该先以下流自居，这样天下各国才相安无事。

精彩点拨

春秋末期，诸侯国的兼并战争日益激烈，大国试图称霸天下，小国力图保全自己，人民的处境则苦不堪言。面对战争带来的灾难，老子痛心疾首，忍无可忍，终于发出了“大国者下流”的感慨。在老子看来，如果大国能像大海那样谦和，甘居卑下的位置，那么国家就能太平，人民就能安定。大国和小国的关系用海纳百川来形容是再合适不过了。海是谦和的，是宽容的，是深沉的，是卑下的……正是因为它具有这些特性，所以百川才会归附它，投奔它；正是因为它具有这些特征，才成就了它的博大、宽厚和永不干涸。在老子所处的年代，大国和小国并存的割据时代行将落幕。针对这种社会现状，老子渴望能够唤醒大国的宽厚和仁慈，试图通过自己的力量改变社会现状。

古为今用

柔弱可以战胜刚强，但是现实的情形与老子的观点背道而驰，我们能不能就此否定和排斥老子的观点呢？其实，在现实中，柔弱没能战胜强硬的现象，只是一时的弱势表现，从总体上来说，柔弱是可以战胜刚强的。以自然界里的现象为例：当老鹰如箭一般扑向野兔的时候，野兔弹出后腿，一连几下，踢得老鹰一头栽倒在地上……

我们作为人类的个体，应该从自我做起，对待周围的人要谦恭、柔和、甘居下位；对待周围的物应该友善、包容，使自己的行为合乎自然的大道，这样才能“两者各得其欲”，也只有这样，我们才不愧为万物之灵，才算真正拥有聪明才智。你同意这一观点吗？

第六十二章（修身）

精彩导读

这一章讲“道”的宝贵和修道所应坚守的原则。人不论善与不善，居高位还是居下位，在“道”上进步一分，就有一分的益处。对于天子和三公来说，“道”比宝马、璧玉更有意义。老子认为，“道”是天地万物的本原，是贮藏万物的庇护之所，它时时刻刻都在保佑着天地万物；“道”是世界物质中未被感知的存在，它对万物一视同仁。它评价万物，却不把万物的过去行为作为评价标准，而是把它现行和将来的行为作为评价标准。所以，不管一个人是好是坏，只要他能够体悟“道”的内涵并能掌握“道”的理念精髓，那么“道”都会极力保护他的安全。为什么是这样的呢？下面让我们一起来悦享《老子》第六十二章寻找答案吧！

原文

道者，万物之奥①，善人之宝，不善人之所保②。美言可以市尊，美行可以加人。人之不善，何弃之有？故立天子，置三公③，虽有拱璧以先驷马，不如坐进此道④。古之所以贵此道者何？不曰以求得⑤，有罪以免邪？故为天下贵。

注释

①奥：含有庇荫之意。

②不善人之所保：不善之人也要保持它。

③三公：太师、太傅、太保。

④坐进此道：献上清静无为的“道”。

⑤求以得：有求就得到。

译文

“道”无所不包，是万物的隐藏之所。善人固然以它为宝，不肯离开它，就连恶人也需要它的保护。善恶原没有一定的标准，普通人把“道”之理说出，便可换得尊位，把“道”之理做出，就可高过他人。恶人只要明白“大道”，悔过自新，“道”又怎么可能弃他们于不顾呢？可见得道的人是最高不过的，即便得到世间的一切名位：或立为天子，封为三公，或厚币在前，驷马随后，还不如获得此道来得可贵。古人重视此道的原因是什么呢？还不是因道以立身，有求就能得到，有罪就能免除吗？所以说，“道”才是天下最贵重的。

精彩点拨

“道”是天地万物所遵行的自然规律，得道的人遵从“道”，践行“道”而获得成功，那些没有悟到“道”的人也是因为凭借了“道”而得到保全的。“道”是普遍存在的，无论人们是否认识到了它，它都会对人们产生影响。在老子看来，世上没有比“道”更加珍贵、更加有用的东西了。宣扬“道”，就可以获得真正的美名；践行“道”就可以获得天下人归附；即使犯了过错，也能依靠“道”而得到宽免。“求以得，有罪以免邪？”这就是说，“道”能化人，无论是得道圣人，还是普通民众，甚至犯过过错的罪人，只要一心向道，就能免除祸患，而有所得。求道不怕晚，不怕曾经错过什么，只要有心向道，就一定能获得好处。老子通过说明“道”的这些重要作用来告诫世人，尊崇“道”，践行“道”。

古为今用

老子通过阐明古人对“道”的宝贵看法，来说明修道的正确目的是什么。“古之所以贵此道者何？不曰：求以得，有罪以免邪？故为天下贵。”“有罪以免”意为悟道后按“道”行事可以免除以往的罪过。古人为什么认为“道”是贵重的，不就是因为按“道”行事即使有罪也可以免除吗？所以，“道”为天下所贵是不难理解的。老子的这一思想在今天还有很大的借鉴意义。人类生活在地球上，拥有聪慧的头脑和灵活的四肢，这是我们成为高贵的人的前提条件。高贵的人具备谦和的道德品质，对周围的人不分好坏，一视同仁，但与此相反，我们常常会因某人曾有过劣迹而鄙弃他。“大道”不同，它对任何人都是仁慈的，对不善之人也同样加以保护。我们应该学习“大道”，并做到和“大道”同步，对世间之物一视同仁。

第六十三章（修身）

精彩导读

处理困难的问题要从容易的地方入手，实现远大的目标要从细微的地方入手。天下的难事一定是由简单的问题积累而成，天下的大事一定是由微细的小事累积而成。老子要人们不捐小，不弃细，不自大，不轻诺，以德报怨，保守虚空清净的无为之道。这一章进一步阐释“无为而无不为”的思想。世间的所有事情都是从小到大、从易到难、从细到巨发展起来的。由于圣人明白这一道理，因此在问题刚刚出现或者还在萌芽状态的时候就把它化解掉了。我们看圣人表面上做的都是小事、细事、易事，甚至什么也没有做，而最后的结果却做了大事、难事。下面让我们一起来汲取《老子》第六十三章的智慧吧！

原文

为无为，事无事，味无味。大小多少。抱怨以德。图难于其易，为大于其细；天下难事，必作于易；天下大事，必作于细。是以圣人终不为大，故能成其大。夫轻诺必寡信，多易必多难。是以圣人犹难之，故终无难矣。

译文

众人是有所为而为，圣人是无所为而为；众人是有所事而事，圣人是无所事而事；众人是味有其味，圣人是淡而无味。众人是以大为大，以小无小，以多为多，以小为小；圣人是以小为大，以少为多。众人德怨分明，常以怨报怨，以德报德，甚或以怨报德；而圣人却是大公无私，无人我之分，也就无所谓德与怨。若在常人看来是德是怨，圣人宁可以德报怨，那么既然能以德报怨，还有何怨可言呢？天下的难事必从容易的时候做起，天下的大事也必从小事做起。所以圣人不肯舍小以为大；不舍小以为大，最后才能成其大。圣人深知轻易许诺的人必然少信用……把事情看得越容易的人，困难也就越多。因此，他对人不肯轻易许诺，对事也宁愿把容易的看作艰难的。虽说他以易为难，其实始终没有困难产生。

精彩点拨

老子在这里所说的“无为”是说在做任何事情的时候，都不要强加自己的主观意志，更不要试图用自己的主观意志去改变事物的客观属性。由此可知，老子所谓的无为实际是一种自我修养的思想境界，也就是一种抛弃主观而顺从客观的思想境界。这种思想要求我们在实践中做到大事化小，小事化了，多事变少，少事变无，从而实现人与自然以及人与人之间的和谐。老子的哲学是一种调和的哲学，它反对任何形式的对抗与斗争。为此，老子提出了建议，即“图难于其易，为大于其细”。这里的“难”指的是力所不及的目标或是难于办成功的事情；“大”指的是伟大的工作或事业。老子在这句话中所要表达的意思是，我们应当在矛盾和斗争仍处于萌芽状态的时候就予以消除，并通过谨慎行事避免新的矛盾与斗争的产生。

古为今用

“为无为，事无事，味无味。”践行无为的行为，从事无事的事情，体味无味的味道。什么叫作践行无为的行为呢？就是顺应自然规律而不妄为。一个人不可以胡作非为，不能被欲望所驱使而无所不为，一个统治者不可以随意扰乱百姓，更不可以为了获得财富、虚名而肆起干戈。什么叫作从事无事的事情呢？不是人们时常所说的“多一事不如少一事”的明哲保身，而是应该遵守事物的发展规律，而不可乱生事端。什么叫作体味无味的味道呢？人们喜欢追求华丽的色彩、浓醇的味道，成天梦想着做大事，名留青史，这可以在一定程度上成为前进的动力，但过于崇拜这些，就会陷入浮躁之中，让人迷失自己。于是老子让人们体味平淡，回归安宁，在虚空中领悟“道”的真谛。“大小多少。报怨以德。”以小为大，以少为多，以德报怨。“九层之台，起于累土”，所有的大事都是从细小开始而做成的，每一个表面的光耀，其背后都有无数汗水的浇灌。人们应该认识到这个现实，不要贪多鹜远，总想着建立不世之功，没有在小事上的努力，一切梦想都是空中楼阁。

第六十四章（治国）

精彩导读

本章重点提出了物理与人理相结合的理论，这一理论不但蕴含着丰富的哲理，还包含着富有实际意义的行动技巧和生活智慧，后来这些都成为中国人修身行事的标准。安定的容易把持，未出现征兆的容易图谋；脆弱的容易消解，细微的容易失散；做事情要在它尚未发生以前就处理妥当，治理国政要在祸乱没有产生以前就早做准备。老子教导世人应谋于未兆，为于未有，治于未乱，慎终如始。下面让我们一起来领会《老子》第六十四章的智慧之道吧！

原文

其安易持，其未兆[①]易谋；其脆易泮[②]，其微易散。为之于未有，治之于未乱。合抱之木，生于毫末[③]；九层之台，起于累土[④]；千里之行，始于足下[⑤]。为者败之，执者失之。是以圣人无为，故无败，无执，故无失。民之从事，常于几成[⑥]而败之。慎终如始[⑦]，则无败事。是以圣人欲不欲，不贵难得之货，学不学[⑧]，复众人之所过。以辅万物之自然而不敢为。

注释

①未兆：未见征兆，未露苗头。

②其脆易泮：物品脆弱就容易消解。

③毫末：细小的萌芽。

④累土：堆土。

⑤始于足下：始于脚下，从脚步开始。

⑥几成：接近完成。

⑦慎终如始：认真对待终结如同开始一样。

⑧学：这里指办事有错的教训。

译文

当世道安平的时候，是容易持守的；当事情未见端倪的时候，是容易图谋的。脆弱的东西容易分化；微小的东西容易散失。因此，在事情还未发生时就处理，便容易成功；在天下未乱前便开始治理，就容易见效。合抱的大木是从细小的萌芽生长起来的；九层的高台是由一筐一筐的泥土建筑起来的；千里之行是一步步开始走出来的。这些道理都是化有事于无事，消有形于无形，其所作所为仍是无所作，无所为；否则为者失败，执者丧失。圣人无为而为，所以不失败；不事执着，所以没有丧失。普通人做事之所以到快成功的时候失败，便是因为不能始终如一。对于一件事，如果从开始就循道而行，一直到最后还是一样谨慎，是绝不可能失败的。圣人深知此理，所以不与众人的行事和居心一样，众人喜欢的是难得的财货，圣人偏好的却是众人所不喜欢的；众人喜好追逐知识，卖弄聪明，结果弄得满身过错；圣人却排除后天的妄见，不学众人所学的妄知。那么圣人究竟是什么样的人呢？他守持无为的道体，辅助万物的自然发展，而不敢有所作为。

精彩点拨

“其安易持，其未兆易谋。其脆易泮，其微易散。”在本章中，老子先是阐发了透过事物现象抓住事物本质的道理。接着，老子运用三个排比句：“合抱之木，生于毫末；九层之台，起于累土；千里之行，始于足下。”由此让我们联想到了荀子《劝学篇》中的几句话：“积土成山，风雨兴焉；积水成渊，蛟龙生焉；不积跬步，无以致千里；不积小流，无以成江海。”不过，接下来荀子说：“锲而不舍，金石可镂。”他提出了积极进取的主张；而老子则主张无为、无执，这实际上是让人们依照自然规律办事，树立必胜的信心和凭借坚强的毅力，耐心地一点一滴去完成。老子的提示对于人类具有深刻的启发意义，他告诉人们：所有强大的、不可战胜的事物都有它的萌发时期，萌发时期的事物正处于柔弱阶段，如果人们善于把握事物的规律，就能够防患于未然。他指出：“为之于未有，治之于未乱。”正是对能瞻前而不能顾后的人的提醒。

古为今用

“合抱之木，生于毫末；九层之台，起于累土；千里之行，始于足下。”所有的成功都是一点一滴奋斗聚集而成的。俗话说：“台上一分钟，台下十年功”，只有沉下心来，从小事做起，才能最终取得辉煌。现代的快节奏生活给了人们很多机会，同时也带来了巨大的压力，年轻人一方面对那些成功人士的一举一动羡慕不已；另一方面又被喧嚣的尘事所羁绊，很难真正地静下心来好好努力。于是，他们沉迷在对成功的憧憬中，而整日碌碌无为，到最后光阴轻弃，岁月流逝，才发现一切都晚了。所以说，凡事不能浮躁，不能操之过急，要遵照事物的发展规律慢慢来，踏踏实实地打好基础，这样才能取得成功。

第六十五章（治国）

精彩导读

在本章中，老子提出了以道治国而不以智治国的主张。人的智能就像是一把双刃剑，如果没有道德的基础而用智，那么就会成为天下的大祸患。治国者不能教民以智巧，而是要让人民回归于纯朴。用巧智治国，必将危害国家，而纯朴厚重才是国家的福泽。于是老子提倡“将以愚之”，使民无知无欲。下面让我们来悦享《老子》第六十五章。

原文

古之善为道者，非以明民①，将以愚之②。民之难治，以其智多。故以智治国，国之贼；不以智治国，国之福。知此两者，亦稽式。常知稽式，是谓玄德。玄德深矣，远矣，与物反矣，然后乃至大顺③。

注释

①明民：启发民众智巧，让人民知晓巧诈。

②将以愚之：使老百姓无巧诈之心，敦厚朴实。

③大顺：反朴还淳，顺乎自然是最大的和顺。

译文

古时善于以道治国的人，不要人民机巧明智，而要人民朴质敦厚。百姓智巧诡诈太多，就难以治理。如果人民多智，治国的人又凭自己的智谋去治理，那么上下斗智，君臣相欺，国家怎会不乱？如果治国者不用智谋，不显露自己的本领，不开启人民的智谋，只以诚信待民，则全国上下必然相安无事，这岂不是国家的一大福祉？以智治国和不以智治国是古今治乱兴衰的标准界限。若能常怀此心，不以智治国，必能与道同体，而达玄德的境界。玄德既深又远，不同于普通的物事。当玄德愈见真朴时，万物也就回归了自己的本源，然后才能完全顺合自然，与“道”一体。

精彩点拨

“古之善为道者，非以明民，将以愚之。”在老子看来，民众之所以难治，就是因为统治者治理不善造成的，那么统治者应该怎样安抚民众呢？老子指出，应该“将以愚之”，这里的“愚”是淳朴厚道的意思，一旦民心淳朴了，民众就不会惹是生非，不会胡作非为了，这样天下也就自然太平了。“民之难治，以其智多”，这里的“治”意为和谐、统一。老子认为，民众之间是很难实现和谐统一的，他们相互对立、相互冲突。“智”指的是以追逐个人利益为出发点的“智慧”。这种智慧与一般意义上的“智慧”不同，它导致人们相互冲突、相互斗争，人们运用这种智慧获得的实际利益与团结协作所获得的实际利益相比，实在是微不足道的。“故以智治国，国之贼；不以智治国，国之福。”这里的“贼”指的是致使天下大乱的祸患或灾难，这种祸患和灾难不是别的，就是人们把人类社会变成了一个猎场，而人们对于社会的态度和行径也就与强盗的态度和行径无异了。

古为今用

我们在做事情的时候，只有遵循大道，做到敦厚朴实，才能实现自己的人生价值。老子说，如果拥有了心智，人心就会变得伪诈起来，而国家也就难以治理了。如果我们心智过多，不但会感到劳累、困顿，还会导致自己和周围人的关系逐渐恶化。如果每个人都狡诈、善变和满怀心机，都想着如何满足自己的欲望，那么整个社会就会变得虚伪、狡诈和面目可憎，这样的话，我们生活在这个社会里，还有什么乐趣呢？任何人都不愿意生活在一个伪诈的环境里，也没有人愿意和虚伪的人打交道。我们必须从自身做起，无论环境变得怎么样，我们都要保持心灵的自然纯真状态，在待人接物的时候要秉承自然淳朴的特性。只有这样，我们才能真正地返璞归真，悠然自得，享受人生的欢乐。

第六十六章（治国）

精彩导读

这一章讲“善下”和“不争”的好处。圣人之所以“善下”和“不争”，并不是为了得到它的好处，而是顺着“道”的法则自然无为。如果刻意为之，就会沦落为虚伪和权谋。大海之所以能够成为百川河流所汇聚的地方，是由于它善于处下。圣人要领导人民，也要用言辞对人民表示谦下，即统治者应具有不争、甘为民下的品质。下面让我们一起来探究《老子》第六十六章，看看老子是怎么样来阐述这一道理的吧！

原文

江海所以能为百谷王①者，以其善下之，故能为百谷王。是以圣人欲上民②，必以言下之③；欲先民④，必以身后之⑤。是以圣人处上而民不重⑥；处前而民不害⑦。是以天下乐推而不厌⑧。以其不争，故天下莫能与之争。

注释

①百谷王：百川峡谷所归附。

②上民：统治民众。

③以言下之：用自己的言辞对民众表示谦下。

④先民：领导民众。

⑤以身后之：把自身利益置于民众之后。

⑥重：累、不堪重负。

⑦不害：不妨害。

⑧推：拥戴。厌：厌弃。

译文

大海能够成为百川归往之处的原因是它善于处在低下的地位。圣人要居于人民之上，就应当用自己的言辞表示对人民的谦下；要处于人民之前，就应当把自己放在人民之后，使圣人居于人民之上而人民不以为累，处于人民之前而人民不感到有危害，导致天下的人民对他乐于拥戴而不厌倦。由于不争，因此天下没有谁能够和他相争。

精彩点拨

在本章开篇，老子以“江海成为百川之王”的物理现象来引出“善下”的观点。大海之所以能纳百川，是因为大海位于百川之下，百川自然而然就归属，从而成就了大海的浩瀚，成了百川之王。老子以统治者与大海进行类比，说圣贤之所以能够安抚万民，主要是因为圣贤没有私欲，从不计较个人得失，在对待民众的时候，就像大海对待百川一样谦和卑下。所以他才得到民众的尊敬和拥护。老子提倡统治者应保持谦卑，他的这一态度是真诚的。他认为，如果统治者让人民没有感到压迫的感觉，那么他不但可以赢得国民的拥戴，还会获得天下人的推举。这样，天下就没有什么力量可以与他抗衡了。

古为今用

天下不是君王一个人的天下，也不是某些人的天下，而是天下百姓的天下。“水能载舟，亦能覆舟”，位于人民之上的统治者只有认清这个道理，才能获得百姓的认可，他们只有时刻将百姓的利益放在首位，才能得到百姓的爱戴。一个统治者是否能够得到人民的爱戴，在于他是否将自己看成人民的一部分，是否能和百姓同乐同悲。只有爱百姓之所爱，恶百姓之所恶的人，才能“处上而民不重”。若只是考虑着自己纵欲享乐，而干扰百姓的正常生活，那么只能让人民反对。

第六十七章（修身）

精彩导读

“我有三宝，持而保之：一曰慈，二曰俭，三曰不敢为天下先。”这句中有个“先”字，它与“上”“重”“多”“大”一样，具有把某个对象的价值和重要性看得高于一切的意思。“不敢为天下先”可以理解为绝不把个人的价值置于整个人类的价值之上。这就是“道”的三大原则，即老子所说的“三宝”：一是仁慈，也就是仁爱之心和同情之心；二是俭朴，也就是节俭、不奢侈；三是不敢为天下先，也就是不露锋芒、谦和卑下。本章是怎样阐述这一道理的呢？下面让我们进入《老子》第六十七章中去寻找答案吧！

原文

天下皆谓我道大，似不肖①。夫唯大，故似不肖。若肖，久矣其细也夫！我有三宝，持而保之：一曰慈②，二曰俭③，三曰不敢为天下先。慈，故能勇；俭，故能广；不敢为天下先，故能成器长。今舍慈且勇，舍俭且广，舍后且先，死矣！夫慈，以战则胜，以守则固。天将救之，以慈卫之。

注释

①似不肖：意为不像具体的事物。

②慈：慈爱、宽容。

③俭：节俭。

译文

世人说我的“道”太大，天下没有可与它比拟的。不错，就因为“道”大，所以不像任何物体；如果它像某一样东西的话，就微不足道、不值一顾了。我以为，有三种宝贝是应当永远保持的：一种是慈爱，一种是勤俭，还有一种就是所说的“敢为天下先”。慈爱则视人民如赤子而尽力卫护，所以能产生勇气；勤俭则蓄精积德，应用无穷，所以能致宽广；不敢为天下先，所以反而能得到拥戴，作为万物之长。但如果舍弃慈爱而要求勇敢，舍弃勤俭而求取宽广，舍弃谦让而求取争先，那就是走向死亡之路。在“三宝”之中，“慈爱”最重要，以慈爱之心用于争战就会胜利，用慈爱之心来防守就能巩固。能够发挥慈爱之心的人，天也会来救助他、卫护他。

精彩点拨

这一章两层内容：第一层讲“道”的伟大；第二层讲“道”的原则的妙用。后者是本章阐述的重点，它指的便是“三宝”——“慈”“俭”“不敢为天下先”。这三个原则是从“大道”中推衍出来的，顺之则昌，逆之则亡。“三宝”与老子无为的思想是一脉相承的，它是无为思想的具体表现。

古为今用

现在世人以勇敢、果断为贤能，而认为慈爱、忍耐不及勇敢果断的品质优秀。人们不知道勇敢、果断容易受到阻碍，而仁慈坚韧是无法战胜的，其最终结果必然会达到甚至超越勇敢所能取得的。人们不知道努力进取会被众人厌恶，而不敢领先的人却乐意把领先的优越地位让给别人，最终成为万物的领袖。

勇敢、广大、超前是人们都嫉恨的。因为被大众嫉恨，所以常常濒临灭亡的境地。用慈爱来保卫万物的人，万物像对待父母一样去敬爱，以死效劳都在所不辞，所以能以此作战或防守。你认同这一观点吗？

第六十八章（议兵）

精彩导读

这一章讲“不争之德”和“用人之力”。遵循“道”的法则是最有效益，也是最完美的行事方式，所以称之为“善”。老子论述了作为领导者的几个原则：“不武”“不怒”“不与”“为之下”。他要求领导者不逞勇武，不轻易被激怒，避免与人正面冲突，充分发挥他人的才智能力，善于利用别人的力量，其本质是不争之德。让我们一起进入《老子》第六十八章的探究吧！

原文

善为士者，不武；善战者，不怒；善胜敌者，不与①；善用人者，为之下。是谓不争之德，是谓用人之力，是谓配天古之极。

注释

①不与：意为不争，不正面冲突。与，敌、对。

译文

善于做将帅的人不逞其勇武；善于作战的人不轻易发怒；善于克敌的人不用和敌人交锋；善于用人的人反而处于众人之下。这些是不和人争的德，就是利用别人能力的处下。能做到不争和处下这二者就是“道”的极致了。

精彩点拨

“善为士者，不武；善战者，不怒；善胜敌者，不与；善用人者，为之下。”善于做士的人是不轻易诉诸武力的，善于打仗的人是不轻易被激怒的，善于克敌制胜的人是不会争一时之高低的，善于用人的人一定是谦和的。老子认为，在战争之中，只有保持头脑清醒、态度冷静，才能制订出周密合理的计划；有了周密合理的计划，才能避免不必要的损失，最终才能取得好结果。善于打仗的人并不需要寸土必争，也不会争一时一地之得失，而是要争取最后的胜利。只有在指挥战事的时候持着不争的态度，才能够掌控全局、操纵战机、进退自如，从而赢得战争的胜利。善于用人的人应该持有谦和卑下的态度，这样才能招揽人才。

古为今用

善于用人的人，一般都拥有较高的地位，掌握着较大的权力，既然他们拥有用人的权力，为什么还要表现得谦和卑下呢？在老子看来，谦下是取得人民支持的最佳方式。如果一名领导者不能独立完成所有工作，他就得依靠众人的力量，如何把众人的力量凝聚在一起呢？这就需要选择一种适当的方式。如果他采取极端严厉的态度来确立自己的威信和权威，那么不仅不能凝聚人心，反而会危害自身。如果采取谦下的态度，便会令众人信服。你对《老子》的这一观点持什么态度呢？

第六十九章（议兵）

精彩导读

这一章紧接上两章对用兵之道做了深入细致的剖析，讲用柔、用弱的原则在军事上的运用。“反者道之动”，用柔用弱不是真柔真弱，而是处在柔、弱的位置，顺着“道”的自然趋势而以柔克刚，以弱胜强。兵器是不祥的东西，战争是值得哀伤的事。老子认为，战争应以守为主，不可主动侵犯他国，表现了他的反战思想，同时也表明其不争、居下的处世原则。下面让我们来汲取《老子》第六十九章的智慧吧！

原文

用兵有言：“吾不敢为主，而为客①；不敢进寸，而退尺。”是谓行无行；攘无臂；扔无敌；执无兵。祸莫大于轻敌，轻敌几丧吾宝。故抗兵相若②，哀者③胜矣。

注释

①为主：主动进攻，进犯敌人。为客：被动退守，不得已而应敌。

②抗兵相若：两军相当。抗兵，两相对抗之兵，敌对两军。

③哀者：悲愤的一方，即正义的一方。哀，闵、慈。

译文

兵家曾说：“我不敢先挑起战端以兵伐人，只有不得已的情况才起而应战；在作战时也不敢逞强躁进，宁愿退避三舍，以求早弭战祸。”这样的作战就是虽有行阵，却好像没有行阵可列；虽要奋臂，却好像没有臂膀可举；虽有兵器，却好像没有兵器可持；虽然面敌，却好像没有敌人可赴，故常能制敌于先。但是，切莫看轻敌人的力量，以致遭到毁灭的祸害。因为轻敌便违反了慈道。所以说，圣人不得已而用兵，但内心仍须怀着慈悲的心情而战。就因为心存慈悲，所以才能得到最后的胜利。

精彩点拨

“祸莫大于轻敌，轻敌几丧吾宝。故抗兵相若，哀者胜矣。”遇到争端就肆起干戈，这样会丧失“慈、俭、不敢为先”这三宝。丧失了“三宝”，就不能“以战必胜，以守必固”，因此即使在战争发生之时，两军实力相当的时候，胜利也一定属于怀有悲悯之心、哀怜之心的一方。哀兵必胜，即使过去了两千多年，老子的思想依然在战争中具有鲜明的体现。在第二次世界大战之时，德、日、意法西斯没有仁慈之心，发动战争奴役世界人民，为了掠夺其他国家的资源，在战争过程中，他们更是烧杀抢掠无恶不作。“失道者寡助”，任何优秀的指挥官、任何先进的武器装备都不能挽救其败亡的命运，他们只能在世界人民的反法西斯大潮中走向败亡，自食发动战争的恶果。

古为今用

老子是反对战争的，他主张在战争中不要轻举冒进，而应该以退为进。这是老子的无为思想在军事中的具体运用。老子认为，主动出击去侵略别人，其本身在道德上就输给了别人。这是因为主动进攻对方，对方就会为正义而战。老子知道，战争会给民众带来无穷无尽的灾难和痛苦，但是仅仅凭借自己一个人的力量是难以避免战争的。那么既然不能改变当时的形势，他就阐发自己的战争观，即“以退为进”，以此来争取正义战争的胜利。

第七十章（修身）

精彩导读

在本章中，老子对世人的“颠倒”发出了一番感慨。“大道”本来是容易理解和遵行的，但是世人却偏偏不去理解，不去遵行，为此老子抒发了抑郁和苦闷。“道”作为世上的普遍规律，是浅显易懂的，但真正知道“道”、了解“道”、践行“道”的人太少了。老子感觉自己就像一个怀抱美玉却不被世人了解的玉人，困惑而孤独。下面让我们一起来看看《老子》第七十章的内容吧！

原文

吾言甚易知，甚易行。天下莫能知，莫能行。言有宗①，事有君②，夫唯无知③，是以不我知。知我者希，则我者贵④。是以圣人被褐怀玉⑤。

注释

①言有宗：言论有一定的主旨。

②事有君：办事有一定的根据。

③无知：指别人不理解。

④则：法则。此处用作动词，意为效法。贵：难得。

⑤被：穿着。褐：粗布。怀玉：怀揣着知识和才能。玉，美玉。此处引申为知识和才能。

译文

我说的话很容易了解，既然很容易明白，那也就很容易实行。可是天下人却不能明白，又不肯照着去做。事实上，我的言论以道体的自然无为为主旨，行事以道体的自然无为为根据，这有什么难知难行的呢？正因为他们不了解我的这些言论，所以也就不能了解我。了解我的人越少，效法我的人也就越少。大道唯其如此不行，圣人才不得不在外同其尘、在内守其真。

精彩点拨

“吾言甚易知，甚易行。天下莫能知，莫能行。”在老子所处的时代，他的“道”或许是“甚易知”和“甚易行”的，但是由于人们利欲熏心，被欲望遮住了眼睛，因此世人除了努力满足自己的欲望之外，别无他求。而老子的无为思想强调的是排斥欲望和妄为，这和当时的世风格格不入。“言有宗，事有君。大唯无知，是以不我知。”“君”意为根本、本质。

古为今用

“知我者希，则我者贵，是以圣人被褐而怀玉。”在这里，老子谈到了圣人（得道者）的真实情态，他用了极其简洁的语言来概括圣人的外貌，也就是“被褐而怀玉”。圣人有什么样的外部特征呢？他们穿着粗布衣服，与常人无异，但是在平凡的外表之下却掩盖了圣人的一颗冰清玉洁之心，老子称之为“怀玉”。玉是珍贵的器物，也常常用来喻指美好的品质，而这里就用玉来比喻圣人纯洁的内心和不与世俗合污的高洁品质。从老子的思想中可以得到启示：真正的美丽是心灵的美丽，而绝非仅指外表的华美。虽然我们所处的时代和老子所处的时代相去甚远，但人们满足自己的欲望的要求是相同的，老子主张克服自身的欲望，以达到内心的完美，这一思想在我们身处的时代同样适用，而且有着十分重要的意义。

第七十一章（修身）

精彩导读

在这一章中，老子谈到了人性的弱点之一：不懂装懂，认为这是一种病态。其表现是刚愎自用。在前边的章节里，老子曾提出过“自知者明”的观点，这一观点告诉我们，能够认识自己才算高明。我们只有真正做到自知了，才不会固执己见、自以为是。智者唯恐自己不能看到自己的缺陷，他们寻找自己的缺陷，改正自己的缺陷，所以不会被缺陷困扰，相反，那些愚者唯恐自己的缺陷暴露出来，整天为了文过饰非而恍然若失。世人应正确认识自己的不足，勇敢面对自己的缺陷。下面让我们一起来研讨《老子》第七十一章是如何阐述这一哲理的。

原文

知不知，尚矣；不知知，病①矣。圣人不病，以其病病②。夫唯病病，是以不病。

注释

①病：毛病，缺点。

②病病：把病当作病。前一“病”字是动词，忧患的意思。

译文

已经知道真理却自以为不知的人是最高明的人；根本不认识真理却自以为知道的人是患了谬妄的病症。认为这种病是病的人，便不会得这种病。圣人之所以不患此病就是因为他知道这种病的缘故。

精彩点拨

老子说："知不知，尚矣；不知知，病也。"在这句话中，"知不知"意为知道自己不知道，知道自己无知。"不知知"意为自己不知道却以为自己知道，把无知当有知。这句话的意思是，知道自己的无知是高明的，而本来不知却以为是知就是弊病了。老子在对"不自知"的人做了一番剖析之后，又将圣人的"不病"摆在了世人的面前，并以此进行对照，结果不说自明了。圣人怎样呢？"圣人不病，以其病病。夫惟病病，是以不病。"前一个"病"字为动词，是痛恨、嫉恨的意思；后一个"病"字为名词，本指疾病，这里指的是那种自己无知还自以为有知的愚不可及、无可救药之人。

古为今用

世界上任何人都不可能孤立生存，都一定会与他人、社会及自然界发生联系。我们每个人都是整个世界中的一分子。作为整体中的个体，我们怎样才能与他人和睦相处呢？我们首先要做的就是必须克服自以为是的弱点。如果一个人不把自己定位好，制定出的目标不适合自己，而他仍要为实现这个目标而努力奋斗，并且自以为意志坚定，那么这样导致的后果恐怕比没有目标更加可怕。刚愎自用、没有自知之明带给人的不是成功的幸福，而是失败的痛苦，这种盲目心理能让人付出惨重的代价。例如，我们为了追求事业或者爱情的成功，常常无所顾忌地奋勇向前，这本来是好事，但是一旦走错了路，又听不进别人的良言，那么带来的后果将是可怕的。无论是做人，还是做事，我们都要坚持"虚心使人进步，骄傲使人落后"的原则。要明白世上万事万物都处在不断的发展变化之中，只有根据事物的发展变化及时调整自己的计划策略，才能处处掌握主动权，使自己立于不败之地。

第七十二章（治国）

精彩导读

这一章的要点是“自知不自见，自爱不自贵”两句。人要了解、珍视自己的生命，但不要夸耀自己或自以为自己高贵。老子叙述了自己的政治理念和政治理想后，又开始对统治者提出一系列警告，本章就是警告统治者要认清人民的力量，不可肆意妄为。妄为虐民只能激怒百姓，给自己带来灭顶之灾。本章是怎样阐述的呢？我们一起来探究吧！

原文

民不畏威①，则大威②至。无狎其所居，无厌其所生。夫唯不厌，是以不厌③。是以圣人自知不自见④，自爱不自贵⑤。故去彼取此。

注释

①威：指统治者的镇压和威慑。

②威：指人民的反抗斗争。

③厌：指人民对统治者的厌恶、反抗斗争。

④不自见：不自我表现，不自我显示。见，同“现”。

⑤自爱不自贵：指圣人但求自爱不求自显高贵。

译文

人民一旦不害怕统治者的威势，则更大的祸乱就会随之而来。执政的人不要威胁到人民的生存，让他们得不到安宁；不要压榨人民的财货，使他们无法安身。能不如此，人民才不会厌恶你，才不会带来莫大的祸乱。圣人虽是自知己能，却不自我显扬；虽自知己力，也不自显高贵，只是采取“无为”“处下”的态度顺民而已。取前者而舍后者，又怎会陷民于不安呢？

精彩点拨

老子说："民不畏威，则大威至。"第一个"威"意为统治者的权威、高压政策；第二个"威"指的是统治者面临的威胁。老子认为，如果民众不再畏惧统治者的权威，那么统治者也就大难临头了。"无狎其所居，无厌其所生。""狎"意为任意地、肆无忌惮地侵犯、扰乱以至于使人感到不安、窘迫和恐惧。"生" 指的是生长的国度。在这一句中，针对统治者地位受到威胁的情况，老子向统治者提出了最严厉的警告，警告统治者要好自为之，不可再作威作福。老子认为，民以"生"为本，如果人民连最起码的生计都难以维持，那么他们还惧怕什么苛政和威严呢？所以，一旦人民饥不择食、居无定所，他们就会惹是生非，发生逆乱，这样一来，社会动荡也就成为必然了。

古为今用

老子提倡无为之治，反对过分地扰乱百姓，更反对残酷无道地压迫百姓、剥削百姓。他提倡用"道"来使人民依附，而不是通过强权武力来使百姓屈服。用强力来压迫百姓就如同用堵塞的方法来治理洪水一样，一旦人民达到了承受的极限，所有的怒火就会完全爆发出来，那时统治者才知道祸患，已经来不及了。所以说，重视百姓就是自重，爱护百姓就是自爱。统治者要深知"载舟覆舟"的道理，这样才能保持不陷入危机。纵观历史，每个朝代建业时，统治者尚能重视百姓、爱护百姓，等到末期，则骄奢淫逸、剥掠百姓，最后，人民不堪重负，对统治者不再一味害怕，而是奋起反抗，一人振臂高呼，星星之火即成燎原之势，看似强大的统治机器在人民的怒吼面前不堪一击。无论何时，老子爱民的思想都不会过时，即使在当代，官员们也应深记这个道理：民为天下之主，民威才是真正可畏的。

第七十三章（治国）

精彩导读

在本章中，老子以一个“勇”字开篇，前半部分讲天道的生杀、利害、好恶十分微妙，甚至连圣人都不能完全理解其奥妙；后半部分讲“道”发生作用时完全是自然的，不用人为的造作，自然能够得到完美的结果。老子再次提出一个警告：应知进知退，不可恃勇妄为。告诫统治者，妄为妄争是祸患的根源。真正的得道之人会顺应自然，凡事依道而行。那么老子是怎样具体阐述的呢？让我们进入《老子》第七十三章的学习和探讨吧！

原文

勇于敢则杀，勇于不敢则活。此两者，或利或害。天之所恶，孰知其故？是以圣人犹难之。天之道①，不争而善胜，不言而善应，不召而自来，绛然而善谋。天网恢恢②，疏而不失③。

注释

①天之道：指自然的规律。

②天网恢恢：天网，指自然的范围。恢恢，广大、宽广无边。

③疏而不失：虽然营帐疏，但并不漏失。

译文

勇于表现刚强的人，必不得善终；勇于表现柔弱的人，则能保全其身。这两者虽同样是“勇”，但勇于刚强则得害，勇于柔弱则受利。为什么“天”厌恶勇于刚强的人，谁能知道为什么？天之道是不争夺而善于得胜，不言语而善于回应，不召唤而万物自归，宽缓无心而善替万物筹策。这就好像一张广大无边的天网一样，它虽是稀疏的，却没有一样东西会从中漏失。

精彩点拨

“勇于敢则杀，勇于不敢则活。”在这里，“敢”的意义可以延伸为自身招致灾祸的鲁莽不智的行为。鲁莽是一种性格缺陷，这种行为往往会侵害他人，从而导致他人对自己的报复，极有可能会被杀甚至株连九族，其后果是不堪设想的。老子又说：“此两者，或利或害。天之所恶，孰知其故？”“勇于敢”和“勇于不敢”这两种行为同样是勇，但是因为它们的程度不同，所以导致的结果也有很大差异。“天之道，不争而善胜，不言而善应，不召而自来，繟然而善谋。”自然的法则是不交战而善于胜利，不发言而善于回应，不召唤而自动到来，宽缓从容，却善于谋划。也就是说，自然无欲无求，却赢得了万物的归顺和爱戴。最后老子以“天网恢恢，疏而不失”做总结，不但警示人们不可“勇于敢”，还省略了一个不言自明的结论：顺道者昌，逆道者亡。

古为今用

真正的勇敢不是肆意妄为，而是知进知退，知道坚守柔弱、下流。世人总以为勇敢就是天不怕、地不怕，以为能够凭借强力让身边的人畏惧、佩服为勇敢。尤其是那些还不懂事的青少年，总是觉得“牛哄哄的”“痞子气的”是勇敢，觉得《古惑仔》电影中那些小混混是勇敢，其实这都是因为心智不成熟而造成的笑话。“勇于敢则杀”，看似是勇，实则非勇，也就是荀子所说的小人之勇，以及孔子所说的“暴虎冯河”之勇，是自取灭亡之道。而真正的勇是“勇于不敢”，正是因为心中有“道”、有“德”、有“大义”、有“大志”，所以才能忍辱负重。于是，蔺相如回车避廉颇，韩信当街受胯下之辱。因为得道之人知道这个道理，所以不会逞强妄为，能够爱惜自己，远离灾祸。如何才能远离灾害呢？那就是回归于自然之道，不争、不先、不卖弄智慧。万物都遵从自然规律而运作，它们不以人的主观意志为转移。自然的规范是宽广无边的，它看似虚无疏松，实则事事俱到，绝不会疏漏分毫。老子通过对两种不同的勇的论述来告诫统治者不可随意压迫百姓，不可任意凌辱邻国，不可倚仗威势而让天下臣服，而是要能够顺从百姓的意愿，能够有所不为。

第七十四章（砭时）

精彩导读

既然人民不畏惧死亡，又为什么用死来吓唬他们呢？老子告诫统治者不要用暴刑、死亡威胁人民，不要妄自决定人民的生死，否则必将自食其果。老子反对用重刑，尤其反对以滥杀的方式来维持统治。生杀的大权是属于天地的，只有能够体察天地之道的“大匠”才可以使用，一般人滥用杀的大权，就会使自己受到惩罚。下面让我们来品读《老子》第七十四章的内容吧！

原文

民不畏死，奈何以死惧之？若使民常畏死，而为奇者①，吾得执②而杀之，孰敢？常有司杀者③杀。夫代司杀者④杀，是谓代大匠⑤斫。夫代大匠斫者，希有不伤其手矣。

注释

①为奇者：指为邪作恶的人。奇，奇诡、诡异。

②执：拘押。

③司杀者：指专管杀人的人。

④代司杀者：代替专管杀人的人。

⑤大匠：高明的木工。

译文

人民若饱受虐政苛刑，到了不怕死的地步，以死来威胁他又有何用？假使人民怕死，一有作奸犯科的人就抓来处死，那么还有谁敢再做坏事，触犯刑罚？但事实并不是如此，天下刑罚何其多，犯法的人却并未止步；万物的生死早就操在冥冥中司杀者的手中，又何必人去参与共谋？但是世上一般的执政者往往凭着自己的私意枉杀人命，替代冥冥中司杀者的职责，还自以为是替天行道，这就好像不知技巧而替木匠砍斫木头一样。凡是代木匠砍斫木头的人，少有不砍伤自己的手的。

精彩点拨

“民不畏死，奈何以死惧之？”人民惧于反抗而听任不义与暴政的存在，这种状态是非自然的，这是因为人生来就具有反抗暴政的道德勇气。不管统治者采取怎样的手段来镇压人民，人民的道德勇气总会自然而然地表现出来，而且是斩不尽、杀不绝的。所以，一旦人民不再畏惧死亡，那么国家的严刑酷法也就无法发挥作用了，或者说它便不再有威慑力了。如此一来，那些作奸犯科之徒就更加肆无忌惮了，而国家势必更加混乱，统治者也将面临被颠覆的危险。对于我们每个人来说，生命都是有意义的，但是在老子所处的那个年代，社会动荡不安，统治者昏庸无道，他们不但对人民施行苛政，而且视人民的生命如草芥，为了满足自己的欲望，不惜伤害人民的性命，使人民处在水深火热之中，生命朝不保夕。在人民看来，生是痛苦的，死倒是一种最好的解脱，于是他们也就不惧怕死亡了。对于不惧怕死的人来说，以死相威胁还有什么意义呢？于是老子才提出了“民不畏死，奈何以死惧之”的质问。“以死惧之”的目的在于使人民惧于反抗。老子在这里说民众不畏惧死亡，实际是在告诫统治者不要用死亡来威吓人民，这其中夹杂了老子的愤懑情绪，也充分体现了他对人民的仁爱和怜悯。

古为今用

统治者往往将自己手中的强权作为统治百姓的最有力武器，他们制定严酷的刑罚，采取苛刻的政策，滥杀百姓，压制民众。老子对这种违背民意的做法十分反感，他认为这样只会让人民忍无可忍，最后不再畏惧死亡，反抗并推翻统治者。而如果统治者能不肆意妄为，让老百姓安居乐业，那么老百姓就会贵生而畏死，从而自觉地遵道尚德。这个时候，对那些不法分子实施惩罚，就能让人们感到对刑罚的敬畏。可见，老子的思想并不是放纵那些为奸作恶者，也不主张采用严刑酷法，而是把两方面状况考虑周全，既不使刑罚严酷到扰乱人民，又能以刑罚警示奸邪之人。

第七十五章（砭时）

精彩导读

在这一章中，老子用具体的例子说明无为而治的好处和重要性。无为是一个大原则、大方法，在具体运用上，则包括了不搞苛捐杂税、不搞烦琐的法令、收敛自己的欲望等一系列内容。我们知道，统治者和民众是一对矛盾体。如果统治者以人民的利益为重，那么人民就会生活富足，国家就会太平安定，统治者的地位也就会稳固。与此相反，如果统治者不以人民利益为重，只追求自身的安逸，不顾人民的死活，那么人民就会不惜一切地反抗统治者的压迫。这时，统治者为了稳固自己的统治，便会采用武力手段镇压人民，这样国家就会慢慢走向衰亡。人民之所以食不果腹，就是由于统治者征收的赋税太多；人民之所以难于统治，也是由于统治者政令繁苛、胡作妄为。老子对繁重的经济剥削进行指责，告诫统治者不要贪虐害民。这一观点是怎样阐述的呢？我们一起来从《老子》第七十五章的内容中寻找答案吧！

原文

民之饥①，以其上食税之多②，是以饥。民之难治③，以其上之有为④，是以难治。民之轻死⑤，以其上求生之厚，是以轻死。夫唯无以生为⑥者，是贤于贵生⑦。

注释

①饥：饥饿。

②以：因为。其上：他们的统治者。食：这里是征收的意思。

③难治：难以被统治，不服从统治。

④有为：繁苛的政治，统治者强作妄为。

⑤轻死：对死亡看得很轻，不怕死。

⑥无以生为：不要使生活上的奉养过分奢侈丰厚。

⑦贤：胜过、超过。贵生：厚养生命。

译文

人民为什么饥饿？因为在上的人聚敛太多，弄得人民无法自给，所以才饥饿。人民为什么难治？因为在上的人多事妄作，弄得人民无所适从，所以才难治。人民为什么不怕死？还不是因为在上的人奉养过奢，弄得人民不堪需索，所以才轻死。如果在上的人能够看轻自己的权势，恬淡无欲，清静无为。那么，比起贵生厚养，以苛烦政令来压榨人民，就要好得多了，那么这种情形也就不会产生了。

精彩点拨

“民之饥，以其上食税之多，是以饥。”在这句话中，老子直截了当地揭示了人民忍饥挨饿的原因：统治者征收赋税过多，人民被压榨得透不过气来，故而出现饥荒。人民忍饥挨饿，日子过得苦不堪言，于是他们起来反抗也就成了很自然的事。“民之难治，以其上之有为，是以难治。”如何理解“难治”呢？对于统治者而言，它指的是社会难于和谐、难于有序；对于人民而言，它指的是生活难以维持。人民的生活难以维持，就会流离失所，铤而走险，走上反抗的道路。面对人民的反抗，统治者会想尽各种方法来应对。

古为今用

“官者，所以正民也。”统治者应该明白，自己之所以存在，并不是为了吃喝享乐，为了擅权作威，百姓之所以供养官员，是为了让他们协调社会中的矛盾，来保护百姓、教化百姓的。统治者只有认识到“民贵官轻”的道理，才能保持其地位；一个社会只有认识到“人民为天下主”的道理，才能保持安稳。反之，若一个政权下，所有的资源都被官员垄断，百姓民不聊生，而当官的却脑满肠肥；人民居无住所，而当官的却歌舞声乐，锦衣玉食，那么这个政权一定不会太长久。

第七十六章（修身）

精彩导读

在这一章中，老子以人和植物的生死状态来说明“柔弱胜刚强”的道理。任何事物强大了都会走向灭亡，这是自然法则。所以有道处柔弱而无道处刚强。兵势强劲就会遭到灭亡，树木繁盛就会遭到砍伐。坚强的东西倾向死，柔弱的东西倾向生。坚守雌柔才是保全生命的根本，一味逞强只会自取灭亡。下面让我们一起来品读《老子》第七十六章，想一想本章是怎么样来阐述这一道理的。

原文

人之生①也柔弱，其死也坚强②。草木之生也柔脆③，其死也枯槁。故曰坚强者死之徒，柔弱者生之徒。是以兵强④则灭，木强则折。强大处下⑤，柔弱处上⑥。

注释

①生：活着。

②坚强：指人死了以后，身体就变成僵硬的了。

③柔脆：指草木形质的柔软脆弱。

④兵强：用兵逞强。

⑤处下：居于劣势的地位。

⑥处上：居于优势的地位。

译文

人活着的时候，身体是柔软的；死了以后，就变得僵硬。草木活着的时候，形质是柔弱的；死了以后，形质立刻转为枯槁。所以说，凡是僵硬的都是属于死亡的类型，凡是柔弱的都是属于生存的类型。从用兵逞强反而不能取胜，树木强大反而遭受砍伐来看，凡是强大自夸心想要高居人上的人，结果必被厌弃，反居人下；而那些柔弱自守的人，最终必受人拥戴，反居人上。

精彩点拨

“人之生也柔弱，其死也坚强，草木之生也柔脆，其死也枯槁。”人活着的时候，面色红润，身体柔弱灵活，行动自如。人死了以后，身体就变得僵硬了，死亡是任何人都无法摆脱的命运，有生就有死，这是自然规律，谁也不能免于死亡。接下来，老子从人的生死又谈到了植物的生死状态，草木有生命的时候，形质是柔软脆弱的，死了就变得干枯残败了。不管是人，还是花草树木，活着的时候是柔弱的，而死了之后就变得僵硬起来。“故坚强者死之徒，柔弱者生之徒。”这句话所要表达的意思是，坚强的东西属于死亡的一类，柔弱的东西属于有生命的一类。你怎么看待这一观点呢？

古为今用

无论是人，还是草木，活着的时候都是柔软脆弱的，而死了以后则是坚硬枯槁的。老子通过对社会和人生的深入观察，清晰地认识到了这个现象。于是总结出“坚强者死之徒，柔弱者生之徒”的道理，即僵硬的东西倾向死亡，柔弱的东西则能够长期生存。因此，老子认为，人生在世，不可逞强斗胜，而应柔顺谦虚，有良好的处世修养。对于一个人来说，要知道“守下”“不争”的道理，遇到争论时，不妨对自己说：“忍一时风平浪静，退一步海阔天空。”争强好胜，不仅浪费时间，浪费精力，还会扰乱自己的心情，破坏自己的形象同时这也不是一个君子应该具有的美德。孔子听闻老子贤能有道，就率领弟子去向老子求教，希望在他身上可以得到人生智慧。老子看了看他们，什么话也没说，只是张开嘴，伸了伸舌头，然后就继续静坐冥想了。孔子的弟子们都十分不解。孔子说：“他张开嘴是要我们看他的牙齿已经快掉光了，伸了伸舌头是告诉我们他的舌头还灵活得很呢。这是在教导我们，越是柔弱的东西，越是能够保存长久，越是坚硬的东西，越容易损毁。”《菜根谭》中“舌存常见齿亡，刚强终不胜柔弱”就是从此而来的。你从中悟出了什么呢？

第七十七章（砭时）

精彩导读

本章体现了老子的一种均贫富的思想。他反对财富集中在作为统治者的一小部分人手中，提倡“损有余而补不足”，号召统治者能以民心为心，以民欲为欲，厚待百姓，回归谦虚、俭朴。这一章讲天道的法则是“损有余而补不足”，这和人类社会的情形恰好相反。圣人成功后不居其功，正是效法天道的法则，用自己的有余补天下的不足。下面我们来探究《老子》第七十七章的智慧之道。

原文

天之道①，其②犹张弓与？高者抑之，下者举之，有余③者损之，不足者补之。天之道，损有余而补不足。人之道④，则不然，损不足以奉⑤有余。孰能有余以奉天下，唯有道者。是以圣人为而不恃，功成而不处，其不欲见贤。

注释

①天之道：自然运行的法则。

②其：语气词，表示反问。

③有余：这里指弓弦拉得过满。

④人之道：指人类社会的一般法则、律例。

⑤奉：供奉，供给。

译文

天道的作用好像射箭时的弦。弦位高了，便压低它；弦位低了，便抬高它；弦过长了，便减短它；弦过短了，便补足它。天之道也正是如此。而人之道就不是这样了。天道，是损有余而补不足；人道乃是损不足以奉有余。那么，谁才能善体天道，把有余的奉献给天下呢？只有得道的人才做得到啊！得道的圣人，作育万物，却不自恃己能；成就万物，也不自居其功。能如此做到无私无欲，因任自然，不想表现自己，才能体察天之道，才能把有余的奉献天下。

精彩点拨

“天之道，其犹张弓与？高者抑之，下者举之；有余者损之，不足者补之。”在这一句中，“损”与“抑”指的是节制的意思。“不足”与“下”可以理解为“因弱小而一无所有”。事实上，这里的“抑、举、损、补”作为动词，都指的是为整体的和谐而做的一种协调工作。另外，这里的“高、下、有余、不足”都是一种不和谐的状态。“天之道，损有余而补不足。人之道，则不然，损不足以奉有余。”阐述完天之道以后，老子又很自然地引出了人之道。什么是人之道呢？就是人类统治者所奉行的社会法则。人之道与天之道截然相反，人之道是“损不足以奉有余”。“孰能有余以奉天下？唯有道者。”“有道者”即得道者，指的是认识世界道德本质，自觉充当道德主体并能遵循道德行事的人。在这一句中，老子自问自答，进一步说明了有道之人的行为特征：有道之人会把自己多余的衣物、粮食和财物拿出来奉献给贫穷的人，以达到社会均等的目标，从而实现社会的安定。你赞同吗？

古为今用

天之道即自然规律，茫茫宇宙之中，万事万物都保持着有序的平衡，多了的会自然损减，少了的会自然补全。然而，人类社会却不是这样的，那些掌权的统治者本来就占有了大量资源，却依然不满足，还想尽各种方式来压榨人民、盘剥人民；而那些居于社会底层的劳动者不仅要承担沉重的社会生产任务，还要被统治者征税、服劳役，常常不堪重负，以至于“不畏死亡”。“人法地，地法天”，不与天道相合的社会制度是不会稳定的，不依从于天道调整自己行为的统治者也是不会长久的。故而，老子主张“人之道”要效法“天之道”，统治者要像那些有道的圣人一样，有所作为而不占有，有所成就而不居功，自己在生活上保持谦虚节俭而厚待百姓。如何才能效法“天之道”，做到“损有余而补不足”是所有统治者应该仔细思考的问题。联系当今社会现实，谈谈你的看法。

第七十八章（修身）

精彩导读

这一章的内容分为两部分：前半部分讲柔弱胜刚强的道理；后半部分说如果一个人能够承担国家的污垢和不祥，那么他就会成为国家的主宰。弱可以胜强、柔可以胜刚，统治者要能够“受国之垢”“受国不祥”。一方面，应该像水一样，以柔弱达到手段；另一方面，应该敢于担当。我们一起来进入《老子》第七十八章的学习吧！

原文

天下莫柔弱于水，而攻坚强者莫之能胜，以其无以易之①。弱之胜强，柔之胜刚，天下莫不知，莫能行。是以圣人云：“受国之垢②，是谓社稷主；受国不祥③，是为天下王。”正言若反。

注释

①无以易之：意为没有什么能够代替它。易，替代，取代。

②受国之垢：意为承担全国的屈辱。垢，屈辱。

③受国不祥：意为承担全国的祸难。

译文

天下没有一样东西比水还柔弱，但任何能攻坚克强的东西却都不能胜过水，世上再没有别的东西可以替换它，也再没有比它力量更强大的东西。世人皆知弱胜强、柔胜刚的道理，却无法付诸实行，主要原因是人们爱逞一时的刚强，而忽略了永久的平和。所以圣人说：“能承受全国的污辱，才配做社稷之主；能承受全国的灾祸，才配做天下之王。”这就是“正言若反”——合乎真理的话，表面上多与俗情相反的道理。

精彩点拨

“天下莫柔弱于水，而攻坚强者莫之能胜，以其无以易之。”在老子看来，天下事物没有比水更柔弱的了，然而它却是最坚强的，没有事物可以代替它。为什么说“莫之能胜”呢？这是因为老子所处的时代，有很多自然现象，人们都无法对其做出科学的解释，于是常常用神化的力量进行曲解。例如，当洪水气势汹汹地袭扰人类的时候，人们就称洪水为“猛兽”，并认为这是上天在惩罚他们。“弱之胜强，柔之胜刚，天下莫不知，莫能行。”在这里，老子说天下人都懂得了柔能胜刚的道理，却很难像水那样以弱胜强。究其原因，主要是因为人们从小就被灌输了一种争先、争强的思想。在这种思想的支配下，人们变得争强好胜起来。“是以圣人云：受国之垢，是谓社稷主；受国不祥，是为天下王。”“受”意为主动接受，自觉承担。“垢”在这里指的是外国的侵略。在这里，老子引用圣人的话来说明君主应具备的品德，即能够承受国家的耻辱和灾难。

古为今用

“柔克刚，弱胜强”是老子一贯的思想，在第七十六章中，老子已经论述了“柔取生，强取亡”的道理，在本章中，他再次指出统治者只有像柔弱的水一样，甘居下流，甘于受国之垢，才能作为社稷主、天下王。本章对于所有领导者都极具启发意义。一方面，老子告诉领导者不能一味依恃强力，而应该像水一样，以柔弱达到目的，以柔和来赢得下属的尊崇；另一方面，老子告诉领导者应该敢于担当。这是一个领导者是否能让下属心服口服，让下属心甘情愿地团结在自己身边的重要品质。

第七十九章（治国）

精彩导读

在这一章中，老子依然就统治者与百姓之间的矛盾而展开论述。老子说，道德是万事万物的根本，如果人们能够做到重道敬德，事情自然就会做好；如果人们不重道敬德，那么即使费尽心力，也不能把事情做完美。天道无所偏爱，却自然归向有道的人。为政者不可蓄怨于民，不要激化与老百姓之间的矛盾，如果积怨太深，就会无法和解。为了防患于微，为政者应该行“无为”之治，以“德”化民，给予而不索取，不扰害百姓。老子是怎么阐述这一观点的呢？让我们一起来研读《老子》第七十九章的内容吧！

原文

和大怨①，必有余怨；报怨以德，安可以为善②？是以圣人执左契③，而不责④于人。有德司契，无德司彻。天道无亲⑤，常与⑥善人。

注释

①和：调和。大怨：很大的怨恨。

②安：疑问句，怎么。为：作为。

③执：执持。契：契约。

④责：索取所欠。

⑤无亲：没有偏亲偏爱。

⑥与：帮助。

译文

既然有大的怨恨，纵使把它调解，心中必然还会有余怨；用德来报答怨恨，这岂是好的方法？所以圣人治理天下，守柔处下，就好像掌握左契，只施舍而不向人索取，是不会去苛责百姓的。如此，则上下相和，仇怨根本不会产生，还有什么大怨要调解的呢？有德的君主就如同持着左契，只施舍而不索取于人，人心无怨；无德的君主就如同执掌赋税，只索取而不给人，人多生怨。给而不取，合于天道；天道虽毫无偏私，而没有偏私的天道，却常常在帮助那有德的人。

精彩点拨

“和大怨，必有余怨，安可以为善？”“大怨”意为深刻重大的冤仇，即人与人之间结下的深仇大恨，“余怨”指的是难以消除的以至于长年累月沉积于心底的怨恨。“是以圣人执左契，而不责于人。有德司契，无德司彻。”“左契”指的是债券的左半部分，为债权人所有，它是债权人向债务人索债的凭证。“有德”即有德的人，他们是道德的主体，是自觉遵循道德并能从善如流的人。“天道无亲，常与善人。”其中，“善人”指的是道德的主体，其与“道”同在，与“道”创造的整个世界同在，所以整个世界都是他的支撑和依靠，只有这种人才是真正强大的人。在这句话中，老子指出，对于任何事物来说，天道都是无亲无疏的，但是它喜欢和善良的人站在一起。换句话说，天道鄙视无德的人，而那些苛刻的统治者必然会受到天道的责罚，这就为无德的统治者敲响了警钟。

古为今用

老子希望人们做有德行善之人，这样才能得到天道的庇护。有德行善之人之所以可以得到天的帮助，是他顺应自然规律的结果，是他自身努力的结果。老子在这里引用“司彻”是指贪得无厌、肆意妄为的行为。即有德的人按规律办事，不会肆意妄为，而无德的人则反之而行。不明白如何处理契约，即人与人之间的关系，才会形成大的仇怨。而以德来调和，之前关系或感情受到的破坏无法恢复，于是一定会有消解不了的怨气。有德的人一直顾念着他做过的承诺，契约一定要制定双方能够较易达到的内容，而不因内容制定的问题导致违约，产生仇怨而去追责别人的过失。由此你悟出了哪些为人处世的原则呢？

第八十章（治国）

精彩导读

在这一章中，老子提出了自己的“理想国”模式——小国寡民。在老子的“理想国”中，没有战争，人民安居乐业，不用智能，自得其乐。老子认为，理想的国家不宜过大，人口也不宜过多。老子心中的乌托邦是一幅充满田园气息的农村欢乐图，一个人民安居乐业的世外桃源：治理达到极致，人民饮食甘甜，服装美好，居所安适，安于纯朴的风俗。你怎么看待老子营造的如此理性的生活模式？下面让我们一起来探讨《老子》第八十章的内容吧！

原文

小国寡民①。使有什伯之器而不用②；使民重死③而不远徙；虽有舟舆，无所④乘之；虽有甲兵，无所陈⑤之。使人复结绳而用之⑥。甘其食，美其服，安其居，乐其俗，邻国相望，鸡犬之声相闻，民至老死不相往来。

注释

①小国寡民：国家弱小，人民稀少。

②使：即使。什伯之器：各种各样的器具。什伯，极多，多种多样。器，器具。

③重死：看重死亡，即不轻易冒着生命危险去做事。

④无所：没有必要。

⑤陈：陈列。

⑥复：重新回到。结绳：文字产生以前，人们以绳记事。用之：即用结绳的办法来记事。

译文

理想的国家是这样的：国土很小，百姓不多，但他们有用不完的器具，并且重视生命而不随处迁徙。这样，虽有舟车，却无可用之地；虽有武器，也没有机会陈列。使人民恢复到不用文字、不求知识的结绳记事时代，有甜美的饮食、美观的衣服、安适的居所、欢乐的习俗，大家无争无隙。因为都是小国，所以各国的人民彼此都可看到，鸡鸣狗吠的声音也可以听见，虽然如此，但因生活的安定，彼此之间的人民直到老死，也不会离开自己的国家而去与邻国的人互相往来。

精彩点拨

“甘其食，美其服，安其居，乐其俗。”“俗”指的是全部现实的生活方式，它是人们的社会政治、道德、法律、经济、社会、文化、生活的总和。在这里，老子以一连串的排比来描绘他心目中理想社会的场景：在这个社会里，有甘甜美味的食物可供食用，有华美舒适的衣服可供穿戴，有安适的住所可供居住，有令人愉悦的风俗可供享受。在一般人看来，这些都是些极其简单的生活需要，而老子曾说过，真正的富足就是知道满足，这种简单的生活需求可以使人类生命的价值得以提高和升华。“邻国相望，鸡犬之声相闻，民至老死，不相往来。”这是本章的末尾，在这里，老子通过描绘“小国”里的人们的生活和交际情况，道出了自己的处世观和生活态度。老子认为，相邻国家的百姓之间要“老死不相往来”。老子向来反对“多智”，他认为人民心智机巧过多就会导致祸乱，所以他不主张人们往来。

古为今用

老子在本章中塑造了一个他心目中的世外桃源，一个小国寡民的乌托邦。这里国家不大，人口稀少，生活资料充足却不奢侈，百姓安逸却不沉湎于享乐，国与国之间相邻却没有争端。老子之所以构建出这样一个乌托邦，是因为看到了当时战乱不断、民不聊生的现实。他一方面将现实和理想进行对比，通过理想中的美好来反衬现实中存在的种种黑暗和邪恶；另一方面，他希望通过“小国寡民”的理想状态来转变统治者争强争霸、武力扩张的错误观念，希望他们不要贪多求大，而是将教化百姓、爱惜百姓放在首位。数千年来，这一“小国寡民”的理想社会不知引起了多少文人的幻想，从《列子》中描述的华胥氏之国到《聊斋志异》中刻画的神仙居所，人们一直在寻找一个没有战乱、纷争的社会。我们今天和平美好幸福的生活环境是不是特别值得我们珍惜呢？

第八十一章（修身）

精彩导读

这一章的内容可以分为两部分：前半部分讲“言”和“知”。老子认为，真诚的言论听起来并不美，也不够雄辩。真正有智慧的人不一定知识广博，但是他们一定能抓住人道的根本。后半部分讲天的法则是“利而不害”。圣人效法天道，只做对他人有利的事情，而不做与人争利的事情。本章是《老子》的结语，人生主旨、治世的要义皆在此中。老子最后一次告诫世人：坚守虚空，甘居下位，利民而不害，善为而不争，不要被美言所迷惑，不要为虚名而逞巧，不要为虚荣而炫耀。字字句句全是智慧。让我们一起来智慧之园——《老子》第八十一章探寻生存的智慧吧！

原文

信言不美①，美言不信。善者②不辩，辩者不善。知者不博③，博者不知。圣人不积④，既以为人己愈有，既以与人⑤己愈多。天之道，利而不害⑥；圣人之道⑦，为而不争。

注释

①信言：真实可信的话。美：悦耳。

②善者：言语行为善良的人。

③知者：有知识的人。博：广博、渊博。

④既以为人己愈有：已经把自己的一切用来帮助别人，自己反而更充实。即，尽。为人，帮助别人。有，富有。

⑤与人：给予别人。多与“少”相对，此处意为丰富。

⑥利而不害：使万物得到好处而不伤害万物。

⑦圣人之道：圣人的行为准则。

译文

真实的话不悦耳，悦耳的话不真实。行善的人不需言辩；好辩的人，其行为反非至善。有真知的人不要求知识广博，知识广博的人没有真知。圣人不积聚什么东西，他因帮助别人而自己更加富有，因给予别人而自己更加增多。自然的规律有利于万物而无损害；圣人的准则对人有施为而不与之相争。

精彩点拨

“信言不美，美言不信。善者不辩，辩者不善。”这里的“美”并不是一般意义上的好和善，而是指华而不实。所以，“美言”指的就是花哨漂亮、夸大其辞、以取悦于人并骗取他人的信任为目的的言语。“圣人不积，既以为人己愈有，既以与人己愈多”“无积”指的是没有必要为自己打算。“为人”与“为己”相对，以他人为目的，为了整个人类的普遍幸福与自由而活，而这正是道德的至高境界。这句话的意思是，尽量帮助别人，自己反而更富有；尽量给予别人，自己反而更丰富。给予了别人，却换来了自己内心的充实，自己难道不是变得更富有和充足了吗？

古为今用

“天之道，利而不害；人之道，为而不争。”这是全章的总结，也是整部《老子》的总结。在老子看来，人类就像是浩瀚大海里的游鱼一样，成群结队，但是每一个个体又有差异。在这个浩瀚的世界里，我们每个人都要成长、衰老和消亡，也都无一例外地喜欢生而厌恶死，这是因为生是幸福的，人生在世，既可以抬头观望天上的星星，又可以低头俯看草叶上的露珠。世界上的美丽事物是天地赠予我们的礼物，这些事物可以让我们尽情享受着它们的美好而不要求回报，更不用说去伤害我们了。圣人也是如此，他们只默默奉献而不要求回报，没有欲望，也不妄为。从表面上看起来，圣人与常人无异，其实他们的境界是高深而幽远的，常人又怎么能与他们相比呢？你怎样定位自己呢？圣人？常人？

悦享摘抄